미래의 아이콘을 꿈꾸는 세계 청소년의 롤모델

스티브 잡스 이야기

출판의 名家 **명진출판** 의 청소년 · 어린이 책은 '제2의 반기문', '제2의 오바마'를 키웁니다!

어른들은 모두 할 일이 있습니다. 자라나는 다음 세대의 꿈을 보살피고 키워주는 일입니다. 특히 우리나라 어린이와 청소년들이 세계인과 어깨를 나란히 하며 살아갈 수 있도록 그 꿈을 크고 넓은 비전의 토양으로 바꿔줘야 합니다. 그중에서는 분명 제2의 반기문 총장, 제2의 오바마 대통령과 같은 '희망을 상징하는 리더'들이 배출될 것이기 때문입니다. 명진출판의 책들은 이러한 '희망의 리더'들이 보다 많이 배출될 수 있도록 대한민국 어린이 · 청소년들의 꿈꾸는 마음밭에 도전과 성장의 씨앗을 부지런히 뿌리겠습니다.

BUSINESS LEADERS : Steve Jobs

Copyright ⓒ 2009 By Jim Corrigan

Korean translation copyright ⓒ 2009 by Myungjin Publications
This Korean edition published by arrangement with Morgan Reynolds Publishers,
USA through Yu Ri Jang Literary Agency, Seoul, Korea.

이 책의 한국어판 저작권은 유리장 에이전시를 통해 저작권자와 독점 계약한 명진출판(주)가 소유합니다.

미래의 아이콘을 꿈꾸는
세계 청소년의 롤모델

스티브 잡스 이야기

짐 코리건 지음 | 권오열 옮김

호기심을 성공으로 바꾼
스티브 잡스의 드라마 같은 삶

STEVEN PAUL JOBS

출판의 名家 명진출판

자신의 약점과 결점을 꿈으로 바꿀 수 있습니다

아이폰과 아이팟으로 여러분들에게 잘 알려진 '애플'이라는 기업이 있습니다. 또 그 애플을 창업한 사람, 엄청난 부를 가졌지만 공식 석상에도 맵시 있는 명품 슈트 대신 터틀넥에 청바지를 입고 나타나는 개성 강한 사람이 있습니다.

컴퓨터 마니아였던 그는 20대에 컴퓨터 회사 창업자로 출발했지만 이제는 IT 기업가라는 호칭 대신 '우리 시대의 아이콘'으로 불립니다. 그가 이렇게 불리는 것에는 컴퓨터, 영화, 음악 등 우리들의 생각과 정신세계에 큰 영향을 끼치는 3가지 산업의 중심에 존재하고 있기 때문입니다.

어른이 되어도 롤러코스터가 어울리는 사람

그를 한마디로 표현한다면 '예측불허 인간'이라 할 수 있습니다. 그러나 그의 예측불허 기질은 온 세상 사람들을 흥미롭게 합니다. '이번에는 그가 뭘 가지고 나타나려나?' 항상 기다리고 궁금하게 만들기 때문입니다. 그런 그의 기질은 어른이 되어서도 여전합니다.

여러분과 같은 청소년기에 그의 삶은 어땠을까요? 그야말로 롤러코스터를 타는 시기를 지냈습니다. 방황도 할 만큼 했고, 반항도 할 만큼 했습니다. 그러나 그가 인생을 낭비하지 않았던 것은 자신이 진정 하고 싶은 것이 무엇인지를 빨리 찾아냈기 때문입니다. 그는 누구나 질투심을 느낄 만큼 장점을 많이 가지고 태어난 사람이 아닙니다. 완벽한 사람과는 차라리 거리가 멀지요. 그러나 그는 모든 이들의 고정관념을 뛰어넘습니다.

사람들은 그가 미혼모의 아이로 태어나 입양 가정에서 자랐으니 성격이 우울하거나 열등감이 많지 않을까 생각합니다만 그는 어릴 때부터 우울 모드나 열등감 모드와는 거리가 있었습니다. 어쩌면 그는 미혼모의 아이도 아니고 입양 가정에서 자라지 않은 사람들보다 훨씬 더 자신감이 많았고 배짱도 두둑했습니다. 왜 그럴까요?

그는 자신의 약점을 숨기려 하지 않았기 때문입니다. 완벽한 사람으로 살려고 애쓰지 않았기 때문입니다. 성격도 그리 좋은 편이 아니었어요. 물론 이제 나이를 먹으면서 많이 좋아지긴 했지만 청소년기 때는 뭐든 자기가 원하는 대로 목표를 이뤄야 직성이 풀리는 성격이었지요.

혹시나 자신과 생각을 달리하거나 자신의 의견에 반대하는 사람이 있으면 끈질기게 물고 늘어져서 자신의 생각에 동의하게 만들곤 했습니다. 솔직히 이런 성격이 바람직한 성격은 아니잖아요. 조화롭지 못하고 곁에 있는 사람을 피곤하게 만드는 성격이지요.

아마 여러분들 중에 지금 성격이 별로 안 좋아서 고민하는 친구가 있다면 스티브가 많은 위안을 줄 것입니다. 스티브는 친구들이나 주변 사람들이 마음에 안 들면 참아주질 않았습니다. 바로 '버럭' 화를 내는 성격이었어요. 나중에 애플의 CEO를 하면서도 다혈질에다 그 버럭거리는 성격 때문에 손해를 많이 보기도 했습니다. 리더가 되면 마음에 안 드는 일이 있어도 참을 줄 알아야 하는데 매번 버럭거리니 사람들이 좋아할 리가 없었지요.

그러나 늘 아이디어가 번뜩였고, 문제해결력과 추진력이 대단했기에 스티브가 가는 곳이면 언제나 창조적인 에너지가 따라다니곤 했습니다.

완벽해지려고 애쓰지 마세요

그는 소년 시절부터 배짱 하나는 참 두둑했습니다. 왜냐하면 실패를 두려워하지 않는 그의 기질 때문입니다. 스티브의 생각은 이랬습니다.

"실패? 그거 좀 하면 어때. 결국 최후의 승리가 중요한 거 아냐?"

책을 쓰는 내내 저는 스티브의 이 점이 가장 부러웠습니다. 우리는 대부분 실패에 대한 두려움 때문에 자신의 잠재력'을 무심하게 덮어두곤 합니다. 그러나 스티브는 달랐습니다.

자신이 갖고 있던 잠재력은 샅샅이 다 찾아냈습니다. 그리고 다음 7가지를 손에 넣었습니다. 근성, 카리스마, 대담성, 끈기, 열정, 직관, 긍정 에너지. 이 모든 것을 가질 수 있었던 이유는 단 하나, 실패와 좌절을 두려워하지 않았기 때문입니다.

우리 인생은 6차선 도로와도 같습니다. 내 꿈이 길 건너편에 있다면 횡단보도를 꼭 건너야겠지요. 그런데 그 횡단보도라는 게 바로 우리가 모두 두려워하는 실패와 좌절입니다. 그리고 우리가 꿈에 도달하기 위해선 실패와 좌절의 횡단보도를 반드시 건너야 하지요.

그러나 스티브는 이렇게 믿었습니다. 신은 우리에게 건널 수 있는 횡단보도만 만들어 놓았다고요. 그리고 스티브는 그 횡단보도를 뚜벅뚜벅 여러 번 건너왔어요. 그리고 자신이 진정 원하는 곳에 도착했지요.

스티브는 언제나 최악의 상황에 부딪쳤을 때 최선의 모티브를 발견해내는 능력이 있었습니다. 그리고 우리에게 최악의 상황이 오지 않는 게 축복이 아니라 최악의 상황에서 최선을 발견할 수 있는 게 축복이라는 것을 깨닫게 합니다.

제가 이 책을 통해 여러분들에게 전하고자 하는 스티브 잡스는 예쁜 포장지로 포장된 사람이 아니라 버럭거리면서도 창조 에너지가 넘치는 사람, 나이에 상관없는 영원한 청년의 모습, 약점이 많지만 그것에 전전긍긍하지 않고 자신의 약점을 있는 그대로 보여주는 쿨한 매력을 지닌 사람입니다.

그가 우리 시대의 아이콘이 될 수 있었던 것은 모두가 좋아할만한 최신 전자 기기를 연이어 탄생시켰기 때문만은 아닙니다. 그는 차가운 전자 기기에 따뜻한 인간의 영혼을 불어넣었습니다. 그는 우리에게 완벽해지려고 애쓰지 말라는 것

을 가르쳐줍니다. 그리고 완벽하지 않아도 자신의 꿈을 이루
며 멋진 사람으로 살아가는 데 아무런 지장이 없다는 것을 깨
닫게 해줍니다.

◉ 차례

Part 1 호기심 많은 소년에서 컴퓨터 마니아로

1장 _ 내게 딱 맞는 동네로 이사 왔어

2장 _ 롤러코스터를 탄 사춘기

Part 2

컴퓨터 마니아, 사업가가 되다

4장 _ 사업이라는 전쟁터에 뛰어든 두 명의 컴퓨터 마니아

Part 3 컴퓨터를 넘어 영화와 음악 산업의 아이콘이 되다

9장 _ 음악의 혁명을 주도하다

호기심 많은
소년에서
컴퓨터
마니아로

내게 딱 맞는
동네로
이사 왔어

열 살의 스티브,
엔지니어 아저씨들과
놀다

어린 시절의 스티브 잡스는 텔레비전 보기와 자전거 타기를 좋아하는 소년이었다. 세상의 모든 신기한 일들이 벌어지는 작은 상자 앞에서는 시간 가는 줄 몰랐고, 자전거를 타고 골목을 휘젓고 다니는 것을 즐겼다. 그러나 그것보다 더 마음을 끄는 것은 새로운 물건이 어떻게 생겼는지 살펴보는 거였다. 그 나이 또래 남자아이들이 흔히 그렇듯이 스티브도 새로운 물건을 열어보고 해체하다가 망가뜨리기 일쑤였다.

다행히도 스티브의 아버지 폴 잡스는 기계를 좋아하는 사람이었다. 자동차와 각종 기계를 수리하는 해안경비대 군인으로 일하다 퇴역했는데, 해안경비대 시절 배운 정비 기술을 바탕으로 농기계 제조사에서 일하기도 했다. 그 후에는 직업을 바꿔 융자 회사에서 자동차 할부금을 수금하는 일을 했다.

폴의 정비 기술은 직업에 관련된 것이라기보다 그의 취미에 가까웠다. 폴은 특히 고물차 고치는 일을 매우 좋아했다. 낡아서 못 쓰게 된 차가 보이면 헐값에 사다가 주말 내내 작업실에 틀어박혀 말끔하게 고쳐냈다. 고물차를 제대로 굴러가게 하는 게 그의 유일한 낙이었다. 고친 고물차는 팔아서 또 다른 고물차를 샀고 그때마다 짭짤한 수익을 챙기기기도 했다. 차를 수리하는 일은 그의 취미이자 부업이었다.

차고는 폴의 왕국이었다. 폴의 창조와 기술이 살아 움직이는 생산 기지였고 고물차를 굴러가게 만드는 모든 공구들이 있는 곳이었다. 스티브가 여섯 살이 되었을 때 아버지는 아들을 자신의 왕국인 차고로 데려갔다. 그리고 작업대의 한 귀퉁이를 치우고 나서 아들에게 말했다.

"스티브, 지금부터 이게 네 작업대다. 이제 물건을 망가뜨리지만 말고 다시 살리는 방법을 배워보렴."

아버지는 스티브에게 작은 공구들을 나눠주고 공구 다루

는 법부터 가르쳤다. 스티브가 가장 먼저 배운 것은 망치와 톱을 다루는 방법이었다. 아버지는 아들이 기계의 작동 원리에 대해 남다른 호기심이 있다는 것을 알아채고 주말마다 스티브에게 여러 가지 물건 만드는 법을 가르쳤다. 무엇이든 알려주면 금방 알아듣는 아들의 자질을 키워주고 싶었다. 이런 아버지의 바람대로 아들은 기계를 다루는 기술을 쑥쑥 흡수했다. 이렇게 스티브는 아주 어렸을 때부터 물건을 분해하고 다시 조립하는 과정의 신기함을 배울 수 있었다. 스티브는 이제 더 이상 물건을 망가뜨리기만 하는 아이가 아니었다.

전자 제품은 차원이 달라

열 살이 되면서 스티브의 관심은 단순한 물건들의 작동 원리에서 전자 장치의 작동 원리 쪽으로 옮겨갔다. 각종 전자 기기들이 작동하는 게 너무 신기했다. 특히 전자 제품은 다른 물건들과 차원이 다르다는 생각이 들었다.

그 무렵 사우스샌프란시스코에 살던 잡스 가족은 마운틴 뷰 부근으로 이사를 했다. 아버지 폴은 팰러앨토Palo Alto 지역에서 자동차 할부금 수금업자로 일하고 있었다. 그 지역이 바로 오늘날 실리콘밸리의 출발점이라고 할 수 있는 역사적인 곳이다. 말하자면 스티브는 오늘날 미국 첨단 벤처 산업의 중심지인 실리콘밸리에서 어린 시절을 보내는 행운을 누린 것이다.

실리콘밸리는 1938년 스탠퍼드 대학교를 졸업한 빌 휴렛과 데이브 패커드라는 두 젊은이가 허름한 차고를 빌려 휴렛패커드HP *라는 이름으로 사업을 시작한 곳이다. 휴렛패커드는 잘 알다시피 컴퓨터와 프린터기로 유명한 회사다. 그 이후부터 이 지역에는 꿈을 가진 젊은 엔지니어들이 속속 찾아와 회사를 창업하기 시작했고, 오늘날 세계의 첨단 산업을 이끌어가는 실리콘밸리라는 유명한 이름을 얻게 되었다.

실리콘밸리의 전자 회사에서 일하는 많은 엔지니어들이 주거 지역으로 선택한 곳이 바로 스티브가 살고 있던 마운틴뷰였다. 열 살이 되던 해부터 마운틴뷰에서 살았으니 호기심

---

* 컴퓨터, 인터넷 · 인트라넷솔루션, 서비스, 통신제품 및 측정솔루션 등 여러 첨단 정보사업 분야에서 탁월한 제품의 성능과 지원 면에서 세계적인 명성을 얻고 있는 초우량 글로벌기업이다.

미국 캘리포니아 주 중서부에 있는 공업단지인 실리콘밸리. 1970년~1980년대에 전
자·컴퓨터 산업 분야의 여러 기업체와 공장들이 이곳에 집중되었다.

많은 스티브에게는 탁월한 선택이 아닐 수 없었다.

　당연하게도 휴렛패커드 등 이름만 들어도 알 만한 여러 전
자 회사에 다니는 유명한 엔지니어들이 옆집, 윗집, 아랫집
등 스티브의 바로 이웃에 살았다. 엔지니어들은 스티브의 아
버지 폴처럼 취미와 직업이 연결된 사람들이었다. 모두들 자
기 집 차고에 작업대를 만들고, 무언가를 조립하며 주말을 보
내곤 했다.

　스티브에게는 집 주변이 정말 좋은 구경거리 천지인 셈이
었다. 스티브의 호기심은 자기 집 주차장에만 머무르지 않았

다. 다른 집 작업대에선 대체 무엇이 만들어지는지 궁금해서 참을 수가 없었다. 그래서 주말이면 이 집 저 집의 차고를 기웃거렸다.

엔지니어 아저씨들은 그런 스티브를 차고로 불러 놀게 했다. 그중 한 아저씨는 자신이 일하는 연구소에서 가져온 약식 탄소 마이크*를 스티브가 갖고 놀 수 있도록 해주었다. 스티브는 탄소 마이크에 완전히 빠져들었다. 탄소 마이크 원리에 대해 궁금한 것은 빼놓지 않고 아저씨에게 물어봤다. 아저씨는 스티브가 매우 총명한 아이라는 인상을 받았고 결국 탄소 마이크를 스티브에게 선물로 주었다.

당시 휴렛패커드의 엔지니어였던 래리 랭 아저씨는 스티브에게 전자 부품을 이용하여 물건을 만드는 방법을 가르쳐 주었다. 새로운 전자 제품을 보면 그게 어떻게 작동되는지 호기심이 동하던 스티브에게 그것은 정말이지 놀라운 경험이었다. 스티브는 래리 아저씨를 통해 아무리 복잡한 물건도 결국 사람이 만드는 것에 불과하다는 것을 배울 수 있었다. 그것은

---

*탄소 입자가 채워진 마이크 캡셀이 진동을 받으면 저항이 변하는 원리를 이용한 마이크로, 음질은 좋지 않으나 싸고 견고해 전화기 등에 사용했다.

미래의 아이콘을 꿈꾸는 세계 청소년의 롤모델 **스티브 잡스 이야기**

꼬마 스티브에게 강한 자신감을 불어넣었고 훗날 자신의 집 차고에서 컴퓨터 회사를 차린 원동력이 되었다.

스티브는 이웃 아저씨들을 통해 정작 중요한 것은 학교에서 가르쳐주지 않으며, 학교 공부를 잘하지 않더라도 충분히 천재가 될 수 있다는 사실을 자연스럽게 보고 배울 수 있었다.

낳아준
부모만
부모가 아니야

스티브는 1955년 2월 24일 캘리포니아 주 샌프
란시스코에서 태어났다. 스티브의 부모인 폴과
클라라 잡스는 친부모가 아니다. 스티브를 낳은
친어머니는 당시 대학원에 다니던 미국계 여인
이었고 아버지는 시리아계 젊은이였다. 두 사람은 사랑해서
임신을 했지만 아이를 낳아 기를 형편이 되지 않았다.

　지금은 미국뿐 아니라 전 세계적으로 싱글맘의 존재를 인
정하고 있다. 하지만 스티브가 태어난 1955년경만 하더라도
여자 혼자 아이를 낳아 기른다는 것은 사회적으로 허용되지

않는 일이었다. 당시 미국에서 여자가 결혼하지 않고 아이를 기른다는 것은 자기 인생을 제대로 망치는 것이나 다름없었다. 지금처럼 피임 방법이 발달하지도 않았고, 의료 기술은 한참 뒤떨어져 있었기 때문에 낙태 수술을 받는다는 건 목숨을 잃을 각오를 해야 하는 위험한 선택이었다. 만약 젊은 남녀가 만나 뜨거운 연애를 하다가 아이가 생겼을 경우, 최선의 방법은 결혼을 해서 정상적인 가정을 가지는 것이었다. 하지만 그럴 상황이 아니라면 아이를 입양 기관에 보내 좋은 양부모를 만나게 해주는 것이 최선의 선택이었다.

스티브의 친어머니는 아이를 직접 기를 수는 없었지만 아이의 미래에 대해서는 걱정이 많았다. 그래서 입양 조건으로 양부모가 대학졸업자여야 한다는 조건을 달았다. 처음에 스티브를 입양하기로 한 사람들은 변호사 부부였다. 그런데 마지막 순간 그들이 아들 대신 딸을 원하는 바람에 입양이 무산되었다. 그리고 폴 잡스 부부에게 스티브를 입양할 수 있는 기회가 주어졌다. 폴 잡스와 클라라 잡스는 불임부부였다. 거의 10년 동안 아이를 갖기 위해 애썼지만 아이가 생기지 않아서 입양을 원하고 있었다. 하지만 폴 잡스 부부는 대학졸업자가 아니었다. 스티브의 친어머니는 고민이 되었지만 스티브를 꼭 대학까지 보낸다는 조건으로 입양을 허락했다. 스티브의 양부모는 이 조건을 순순히 받아들였다. 스티브라는 이름도 폴 잡스 부부가 직접 지어준 이름이다. 아이를 간절히 원했던 그들 부부는 '가슴으로 낳은 아이'인 스티브를 매우 소중하게 받아들였다.

총명했지만 산만했어

아이를 좋아했던 스티브의 부모는 스티브가 세 살 되던 해, 두 살 어린 여자아이 패티를 입양했다. 스티브에게 여동생이 생긴 것이다. 스티브의 부모는 가족을 무척 소중하게 여기는 매우 가정적인 사람들이었다. 스티브는 입양아였지만 여느 평범한 가정의 아이처럼 부모에게 충분한 애정과 관심을 받고 자랄 수 있었다.

어린 시절의 스티브는 총명했지만 다소 산만한 아이였다. 새벽잠이 없어서 언제나 부모가 일어나기 전에 먼저 일어나 집안을 부산하게 돌아다녔다고 한다. 교육심리학자들은 이런 아이를 과잉활동아hyperkinetic라고 부른다. 사실 스티브의 이러한 과잉활동 성향은 평생을 통해 그 흔적이 드러난다.

스티브는 낳아준 부모 밑에서 자라지는 못했지만 성장 과정이 불행했다고 할 수는 없다. 낳아준 부모가 키웠다고 해서 상처 없이 잘 자란다는 보장이 없듯이 양부모가 키웠다고 해서 사랑이 결핍됐다고 보기는 어렵기 때문이다. 스티브는 성장 과정에서 특별한 상처 없이 자신이 원하는 인생을 향해 달려갈 수 있었다. 이것은 자식을 올바른 방식으로 사랑할 줄 알았던 부모님 덕분이라고 해도 과언이 아니다.

스티브의 양부모는 공부를 많이 한 사람들은 아니었다. 하지만 아이가 뭘 원하는지, 아이의 재능이 어디에 있는지 일찌감치 간파할 줄 아는, 좋은 부모의 조건을 갖춘 사람들이었다. 폴 잡스 부부는 스티브가 다른 아이들에 비해 총명하다고 해서 자기들의 바람대로 키우려고 하지 않았고, 아들이 하고 싶은 것을 할 수 있도록 배려했다. 스티브가 어른이 되었을 때 사람들이 폴 잡스 부부를 양부모라고 칭하면 스티브는 분명하게 잘라 말하곤 했다.

"그분들은 내 양부모가 아니라 그냥 저의 부모님입니다."

재미없는 학교,
공부 재미를 가르쳐준
선생님

동네 차고에서 엔지니어 아저씨들과 놀면서 일찌감치 적성을 찾은 스티브에게 학교는 그리 재미있는 곳이 아니었다. 스티브는 항상 이렇게 투덜대곤 했다.

"학교는 정말 따분해."

스티브는 이웃에 사는 엔지니어 아저씨들과는 잘 지냈지만 또래 친구들과는 잘 어울리지 못했다. 그와 함께 학교를 다녔던 한 친구는 스티브를 '늘 우는 소리를 하는 외톨이'라고 기억했다. 두 사람은 잠깐 동안 같은 수영팀에서 활동하기도 했는데, 그 친구는 "스티브는 경기에서 지면 분에 못 이겨 울부짖는 아이였다"고 회상했다. 스티브가 다른 아이들과 잘 어울릴 수 없었던 건 순전히 자기중심적이고 독불장군이었던 성격 때문인 것 같다.

스티브의 말썽꾸러기 성향과 고집은 학교생활에서도 그대로 드러났다. 품행은 불량했고 선생님들에게 자주 대드는가 하면, 교실에서 폭발물을 터뜨리고 뱀을 풀어놓는 행동도 서슴지 않았다. 영악할 정도로 머리가 좋아서 시간 낭비라고 생각하는 숙제는 손도 대지 않았다. 그런 스티브에게 선생님들도 두 손 두 발 다 들어버리고 고개를 절레절레 휘둘렀다.

하지만 스티브에게 공부하는 재미를 가르쳐준 선생님도 있었다. 4학년 때 담임인 이모진 테디 힐 선생님이다. 테디 힐 선생님은 스티브를 다룰 줄 아는 몇 안 되는 어른 중 하나였다. 영리한 스티브가 학교 공부를 따분해한다는 것을 알아채고, 스티브의 흥미를 이끌어내기 위해 상급 과정의 수학 문제를 풀게 했다.

테디 힐 선생님 말은 잘 들어

"스티브! 이 수학 문제를 다 풀면 5달러랑 막대 사탕을 상으로 주마."

테디 힐 선생님의 작전은 효과가 있었다. 선생님의 당근작전은 스티브 안에 웅크리고 있던 배움에 대한 열정을 이끌어내기에 충분했다. 스티브가 선생님의 말에 고분고분해지는 데는 채 한 달이 걸리지 않았다. 훗날 스티브는 "만약 테디 힐 선생님이 없었다면 저는 틀림없이 감옥을 제 집 드나들듯 했을 거예요."라고 회상했다.

스티브가 학교생활에 모처럼 잘 적응하고 있던 그 무렵, 집안 사정은 그리 좋지 않았다. 아버지 폴 잡스가 하던 일을 그만두고 신흥 개발 지역의 부동산업자로 나섰는데, 그 일이 적성에 맞지 않아서 경제적으로 어려움을 겪고 있었기 때문이다.

한번은 선생님이 반 아이들에게 이런 질문을 했다.

"애들아, 너희들은 세상에서 가장 이해할 수 없는 일이 뭐라고 생각하니?"

그러자 스티브가 팔을 번쩍 들었다.

"그래, 스티브. 말해보렴."

"우리 집이 왜 그렇게 갑자기 쫄딱 망했는지 모르겠어요."

결국 폴 잡스는 얼마 후에 부동산 일을 그만두고 새로운 직업을 찾았다. 기계에서 손을 뗀 지 15년이 지났지만 기술자로 취직해서 밑바닥부터 다시 일을 시작했다. 다행히도 적성에 맞는 일이라 다른 사람들보다 승진이 빨랐고 스티브 가족은 차츰 다시 경제적인 여유를 찾기 시작했다.

그해는 스티브가 학교에 다니는 동안 가장 많은 것을 배운 해였다. 스티브는 어려운 수학 개념을 이해하기 위해 노력했고, 이렇게 배운 내용이 상당 수준에 이르렀다. 테디 힐 선생님은 총명한 스티브가 몇 학년 건너뛰어서 고등학교에 입학해도 될 실력이라고 판단했다. 하지만 스티브의 부모님은 아들이 다른 아이들처럼 평범하게 자라는 것이 중요하다고 생각했다. 스티브는 딱 한 학년만 월반해서 크리튼던 중학교에 들어가게 되었다.

2장

롤러코스터를
탄 사춘기

산만했던
중학교
생활

중학생이 되자 스티브의 고집스럽고 배타적인
성격은 더욱 강해졌다. 이른바 사춘기가 찾아온
것이다. 테디 힐 선생님의 선행학습과 뛰어난 학
습 능력 덕에 한 학년을 건너뛰어 크리튼던 중학
교에 진학했지만 그것은 오히려 스티브의 사춘기에 악영향을
미쳤다. 막상 중학교에 가보니 주위엔 온통 자기보다 나이 많
은 아이들뿐이었고, 4학년 때와는 달리 자신의 재능을 인정
해주는 사람도 없었다.

그도 그럴 것이 크리튼던 중학교는 마운틴뷰에서도 빈민

지역에 있었다. 그곳 학생들은 성정이 아주 거칠었고 걸핏하면 패싸움을 일삼곤 했다. 어려서부터 말썽쟁이 꼬리표를 달고 다니던 스티브였지만 그들에 비하면 온순한 편에 속했다.

스티브는 학교생활에서 아무런 만족감을 느낄 수 없었다. 자유분방한 성향은 점차 반항적인 기질로 변해갔고 우수한 두뇌는 쓸모없이 낭비되었다. 점점 겉돌기 시작한 스티브는 이미 학교에서 문제아로 낙인찍혀 있었다. 근본적인 해결책이 절실했다. 어느 누구의 규율도 따르지 않고 스스로 원하는 것을 고집해왔던 스티브는 이번에도 자신의 방식대로 해결책을 모색했다.

스티브는 어느 날 아버지에게 자신의 뜻을 밝혔다.

"아빠, 저 더 이상 크리튼던에 다니지 않을 거예요."

사실 이건 부모에게 털어놓는 고민이나 상의가 아니라 통보에 가까웠다. 갑작스런 스티브의 말에 아버지는 당혹스러웠다.

"하지만 스티브, 다른 것은 다 네 의견을 존중하겠지만 학교 문제만은 양보하기가 어렵구나. 이사 온 지 이제 얼마 되지도 않았는데 또 어디로 이사를 간단 말이냐?"

미래의 아이콘을 꿈꾸는 세계 청소년의 롤모델 **스티브 잡스 이야기**

마음을 잡기 위해 학교를 옮겼어

아버지는 어떻게든 아들의 마음을 돌려보려고 애썼다.

"제가 학교에서 사고나 치는 문제아가 되길 바라세요?"

스티브는 막무가내였다. 그의 결심은 단호했고 부모라고 해서 자신들의 뜻을 강요할 수는 없었다. 폴과 클라라는 결단을 내려야했다. 그날 밤, 잠자리에 들기 전 클라라는 폴에게 말했다.

"여보, 아무래도 스티브의 학교를 옮겨야겠어요. 아무리 그래도 스티브가 비행청소년이 되게 놔둘 수는 없잖아요."

폴도 클라라의 생각에 동의했다. 얼마 후, 잡스 가족은 스티브를 전학시키기 위해 로스앨터스로 이사를 갔다.

이처럼 스티브는 일단 마음먹으면 자신의 뜻을 관철시키기 위해 수단과 방법을 가리지 않는 아이였다. 상황이 불리하다 해서 자신의 의견을 철회하는 법이 없었다. 열한 살의 나이에도 불구하고 그 맹렬함과 의지는 어른 못지않았다. 그것은 장애물을 장애물로 인식하지 않는 그의 특별한 재능이었다.

물론 이러한 태도가 항상 옳은 것은 아니다. 때로는 현실

롤러코스터를 탄 사춘기

에 적응해서 다른 사람들과 조화를 이루는 태도도 필요하다. 하지만 인생의 가장 중요한 시기에 현실에 안주하지 않고 자기 앞에 놓인 장애물을 뛰어넘어 현실을 개척하는 능력은 한 사람의 인생에 매우 중요한 덕목이기도 하다. 맹렬한 집중력으로 자신이 원하는 것을 추구하는 스티브의 천성은 이때부터 서서히 드러나기 시작했다.

컴퓨터와
사귀다

크리튼던 중학교에서 쿠퍼티노 중학교로 전학
와서도 스티브는 여전히 또래 아이들과 어울리
며 시시한 장난이나 할 생각이 없었다. 그 나이
또래 아이들은 대부분 이성에 관심을 가지고 여
자 친구를 사귀거나 떼로 몰려다니기를 좋아했다. 그러나 스
티브는 그런 데 별로 관심이 없었다. 그의 흥미를 끄는 것은
따로 있었다.

실리콘밸리의 젊은 엔지니어들이 모여 사는 거리에서 학교
를 다녔던 스티브는 주변 환경 덕에 다른 아이들보다는 컴퓨

터를 일찌감치 접할 수 있었다. 당시의 컴퓨터는 현재 우리가 사용하는 개인용 컴퓨터가 아니었다. 기업체나 공공 기관에서만 사용할 수 있는 덩치가 아주 크고 가격이 비싼 기계였다.

스티브가 처음 컴퓨터를 본 것은 열 살 때로 에임즈의 나사 연구소에서 사용하던 단말기*였다. 그 단말기는 화면과 입력장치만 있는 단순한 장치에 불과했고 엄청난 덩치의 '진짜 컴퓨터'는 단말기 뒤편에 숨겨져 있었다. 하지만 어린 스티브는 진짜 컴퓨터가 뒤에 숨겨져 있다는 사실을 알지 못했고, 복잡한 계산을 순식간에 해내는 단말기에 완전히 매료되고 말았다.

그가 젊은 나이에 회사를 차려 실리콘밸리의 상징이 될 수 있었던 것은 이처럼 컴퓨터 산업 초창기부터 그 동네에 살았던 과거의 경력이 가장 크게 작용했을 것이다. 그것은 스티브의 인생에서 가장 큰 행운이라고 할 수 있다.

---

* 중앙에 있는 컴퓨터와 통신망으로 연결되어 데이터를 입력하거나 처리 결과를 출력하는 장치.
** 1958년에 미국의 우주 개발 계획을 추진하기 위하여 설립된 정부 기관.
*** 칩이나 마이크로칩이라고도 불리며 두 개 이상의 회로 소자 모두가 기판 위나 기판 내에 서로 분리될 수 없도록 결합한 전자회로.

미래의 아이콘을 꿈꾸는 세계 청소년의 롤모델 **스티브 잡스 이야기**

쿠퍼티노 중학교로 전학 오면서 스티브 가족이 살게 된 로스앨터스는 전기기술자들이 잔뜩 모여 사는 신천지였다. 우주 개발 경쟁에 나선 미항공우주국NASA ** 덕분에 이 지역은 달 착륙에 필요한 부품을 제조하는 전자 회사들로 활기를 띠고 있었다. 또 전자 기술의 소형화에 혁신을 일으킨 집적회로 IC *** 의 개발에도 박차를 가하던 시기였다.

집집마다 차고에는 예비 부품들이나 못 쓰게 된 장치들이 차고 넘쳤다. 전자 기기에 남다른 관심을 가지고 있던 스티브에게 그 차고들은 마치 빛을 뿜어내는 보물상자 같았다. 그 멋진 차고들은 항상 개방되어 있었고 언제고 숨어들어 시간을 보낼 수 있는 아지트였다. 무엇보다 전자 장치를 분해하고 조립하는 일은 스티브가 혼자서 즐길 수 있는 가장 짜릿한 놀이였다.

○

두둑한 배짱이 내 재산일걸

친구들의 눈에는 스티브가 누구와도 어울리지 못하는 외톨이에 자신만의 생각에 빠져 지내는 괴짜로 보였다. 하지만 스티브에게 다른 사람들의 시선은 중요하지 않았다. 그보다는 자신의 관심을 사로잡은 대상에 집중하는 것이 훨씬 좋았다. 스티브에게는 한 번 목표로 삼은 것은 반드시 성과를 내고야 마는 집념과 끈기가 있었다. 그 포기할 줄 모르는 집념에는 뻔뻔함과 두둑한 배짱도 한몫했다.

어느 날 스티브는 허름한 창고에서 전자회로* 주파수**를 측정하는 주파수 카운터를 만드는 데 골몰하고 있었다. 그런데 중요한 부품이 하나 빠진 걸 발견했다. 호기심에 한번 시도해본 것이니 보통 아이들이라면 그쯤에서 포기할 수도 있었다. 그러나 스티브는 지체 없이 전화번호부를 뒤져 기세 좋게 어딘가로 전화를 걸었다.

"여보세요?"

수화기 너머에서 중년 남자의 목소리가 들려왔다.

"안녕하세요? 저는 스티브 잡스라고 하는데요, 지금 주파수 카운터를 만들고 있는데 부품이 부족해서요. 거기가 최고로 잘나가는 회사니까 저에게 도움을 줄 수 있을 것 같아 전

---

* 전류가 흐르도록 전기 전도체를 연결해서 목적에 맞게 동작하도록 하는 전기 회로.
** 전파나 음파가 1초 동안에 진동하는 횟수.

미래의 아이콘을 꿈꾸는 세계 청소년의 롤모델 **스티브 잡스 이야기**

화드렸어요."

그러자 중년 남자가 되물었다.

"애야, 내가 누군지는 알고 있니?"

"그럼요. 전화번호부 찾아보니까 빌 휴렛 씨의 이름이 나와 있던 걸요."

스티브와 통화를 한 사람은 놀랍게도 휴렛패커드의 사장인 빌 휴렛이었다. 빌 휴렛은 당시 비즈니스지인 〈포천〉에서 기업 랭킹 500위 안에 드는 최첨단 전자 회사의 사장이었다. 단지 부품을 얻기 위해서라면 생산 공장이나 홍보 담당자에게 전화를 걸 수도 있었을 것이다. 그러나 스티브는 고작 중학생 신분으로 대담하게도 사장과 직접 통화를 시도했다. 스티브는 누구와 접촉해야 일을 가장 빨리 처리할 수 있는지 본능적으로 알고 있었다. 쉽고 빠르게 일을 처리할 수 있는 방법이 있는데 굳이 에둘러 가는 것은 스티브의 성미에 맞지 않았다. 열세 살의 소년은 내로라하는 벤처 기업의 사장과 작은 부품에 대해 약 20분 정도 통화를 했고, 마침내 자기가 원하는 것을 얻을 수 있었다.

"좋다. 필요한 부품은 얼마든지 보내주마."

빌 휴렛은 요 맹랑한 꼬마의 수완과 배짱이 마음에 들었다.

"스티브라고 했지? 어때, 우리 회사에 나와서 일해보지 않을래?"

뜻밖의 제안이었지만 스티브는 마다할 이유가 없었고, 그해 여름방학 동안 휴렛패커드의 조립라인에서 아르바이트를 할 수 있었다. 조립이라고 해봤자 나사를 박는 일에 불과했지만 그건 아주 신나는 경험이었다.

동업자 스티브 워즈니악과의 만남

스티브는 이웃에 사는 빌 페르난데스와 친했다. 두 사람은 또래 친구들에게는 괴짜 취급을 당했 지만 동네의 엔지니어와 과학자들과는 무리 없 이 잘 어울렸다.

페르난데스의 집 맞은편에는 한 엔지니어 가족이 살고 있 었다. 그 집 가장인 제리 워즈니악은 록히드에 다니는 엔지니 어였고, 빌 페르난데스는 제리 아저씨에게 전자에 대해 많은 것을 배웠다. 제리의 아들 스티브 워즈니악도 전자 분야에 관 심이 많았다. 워즈는 페르난데스보다 다섯 살이나 많은 형이었지만 페르난데스와 함께 과학 전시회 출품작을 만들기도 하는 등 친하게 지냈다. 워즈는 자신이 좋아하는 분야에는 뛰어난 능력을 보였지만 다른 것은 전부 따분해하는 전형적인 천재 캐릭터였다. 그의 유일한 꿈은 직접 컴퓨터를 만드는 것이었다.

당시에 컴퓨터는 오늘날처럼 개인이 쓸 수 있는 전자 제품이 아니라 군대와 대기업에서만 사용할 수 있는 크고 비싼 기계였다. 그러나 실리콘칩과 신기술들이 속속 개발되면서 더 작고 저렴한 컴퓨터를 만들려는 움직임이 서서히 일고 있었다. 워즈는 이런 사실에 고무되어 주로 회로판*을 설계하면서 많은 시간을 보냈다. 그는 곧 그 동네 아이들 중에서 알아주는 전자 분야의 최고 기술자로 통했고, 빌 페르난데스 같은 아이들의 우상이 되었다.

당시 콜로라도 대학의 신입생이었던 워즈는 친구가 거의 없는 독불장군이었다. 매번 형편없는 학점을 받는데다 장난기도 심한 청년이었다. 하지만 발랄한 유머 감각만은 다들 인

---

* 전자회로를 구성하기 위한 기판.

정하는 수준이었다. 때때로 악동 기질을 발휘해 대담한 장난을 치기도 했는데, 결국 그 때문에 대학에서 퇴학당하고 말았다. 대통령 선거일에 욕설이 담긴 메시지를 교내 컴퓨터에 띄웠다가 발각되고 말았기 때문이다. 워즈는 그렇게 대학 1학년만 겨우 마쳤다.

워즈와 스티브가 처음 만나게 된 것은 페르난데스 덕분이었다. 평소에 친하게 지내던 페르난데스가 어느 날 스티브에게 워즈 이야기를 꺼낸 게 시작이었다.

"스티브, 너 워즈 형 아니? 이 동네에서 유명한 형인데, 요즘 우리 차고에서 컴퓨터를 만들고 있어. 구경 올래?"

페르난데스는 스티브를 자기네 집 차고로 데려가서 워즈와 함께 만든 컴퓨터를 보여주었다. 애플의 동업자가 된 스티브 워즈니악과 스티브 잡스의 역사적인 첫 만남이었지만, 둘의 첫인상은 특별할 게 없었다. 그도 그럴 것이 열여덟 살인 워즈에게 다섯 살 아래의 스티브는 전자 공학에 대해 별로 아는 것이 없는 풋내기 아이에 불과했기 때문이다. 페르난데스나 스티브도 그 나이 또래 중에서는 전자 기기에 대해 제법 아는 아이들이었지만, 워즈가 보기에는 레이저와 거울로 장난치는 수준과 같았다. 그에 비해 워즈는 이미 정교한 컴퓨터 회로도를 설계할 줄 아는 진짜 전자공학도였다.

예측불허 기질이 슬슬 나오기 시작해

스티브는 컴퓨터를 직접 만들고 있는 워즈에게 주눅이 들었다. 이제까지 전자 기기에 대해서라면 자기가 이 금방 최고라고 자부했는데, 넘을 수 없는 벽을 만난 것이다.

그래도 두 사람은 통하는 면이 많았다. 둘 다 자기 생각에만 빠져 있는 외톨이였고, 클럽이나 스포츠엔 별로 관심이 없어서 다른 아이들과 어울리지 못했다. 물론 미세하게 다른 부분도 있었다. 워즈가 오로지 컴퓨터와 전자공학에 몰두했던 데 반해, 엄밀히 말하면 스티브는 자기 자신에 관심이 많았다. 스티브는 자신이 무엇을 원하고, 무엇을 잘할 수 있는지에 몰두하다 보니 전자 기기에 관심을 갖게 된 것이다. 어쨌거나 워즈에게는 기술이 있었고 스티브에게는 배짱이 있었다. 스티브는 한 번 목표를 세우면 뻔뻔할 정도의 추진력으로 밀어붙였고, 무슨 일이 있어도 반드시 이루고야 마는 집념이 있었다.

스티브의 이런 기질이 드러나는 고등학교 때의 일화가 있다. 전자공학 클럽 회원이었던 스티브는 또래들과 어울리는 것을 그다지 좋아하지 않고 잘 나서지도 않는 아이였다. 언제나 구석에 혼자 틀어박혀 뭔가를 만들면서 지내는 것을 좋아했다. 하루는 여전히 혼자 뭔가에 집중하고 있는 스티브에게 클럽 담당 교사 맥콜럼이 말을 걸었다.

"스티브, 뭐하고 있니?"

"네, 학교 과제로 낼 것을 좀 만들고 있는데요, 혹시 여기에 들어갈 부품을 갖고 계세요?"

그런데 마침 맥콜럼 선생님도 그 부품을 갖고 있지 않았다.

"나한테도 없구나. 스티브, 그 부품은 버로 사에서만 공급되는 거야. 지사 전화번호를 알려줄 테니 담당자에게 전화해서 요청해봐라. 학교 과제에 필요한 부품이라고 하면 보내줄지도 모르겠다."

스티브는 알았다고 고개를 끄덕였다. 그러고는 다음 날, 들뜬 표정으로 학교에 왔다.

"선생님, 버로에서 부품을 보내준대요. 곧 받아볼 수 있을 거예요."

"그래? 아주 잘됐구나. 뭐라고 얘기했니?"

그랬더니 스티브가 의기양양하게 말했다.

"본사에 직접 수신자 부담으로 전화했어요. 새로운 전자 장치 설계도를 만드는 중이라고, 여러 회사 부품을 시험 삼아 써보고 있는데, 버로 부품을 한번 써볼까 한다고 했더니 담당자가 바로 보내주겠다고 하던데요."

"……"

맥콜럼 선생님은 아무 말도 하지 않았다. 스티브가 학교 과제에 필요하다고 솔직히 얘기한 것이 아니라 마치 자기가 대단한 전자 기기 개발자인 양 그럴 듯하게 얘기해서 부품을 보내달라고 요구했기 때문이다. 그것은 전혀 학생답지 않은 행동이었다. 하지만 어쨌든 부품은 정확히 하루 만에 항공편으로 도착했다. 맥콜럼 선생님은 일을 처리하는 스티브의 방식을 칭찬할 수는 없었지만, 그 효과만큼은 확실하다는 것을 인정해야 했다. 스티브의 이러한 성격은 이후 애플에서 일할 때도 여지없이 드러난다.

내가
평생 하고 싶은 일은
무엇일까?

스티브는 워즈와 어울리면서 자신이 얼마나 전자공학에 대한 지식이 부족한지 알게 되었다. 누구보다 전자공학을 좋아하고 그와 관련된 일이라면 무엇이든 기쁘게 받아들였지만 그런 열의에 비해 공부가 턱없이 부족한 것이었다. 스티브는 고등학교에 진학해서 제일 먼저 전자공학 강좌를 신청했다. 당시 실리콘밸리의 고등학생들에게 전자공학 분야에 몸을 담는 것은 몹시 폼 나는 일이었고 스티브는 그 중심에 서고 싶었다. 스티브는 곧바로 '와이어헤드wirehead**'가 되었다.

스티브와 워즈는 실리콘밸리의 젊은 기술자들과 어울리면서 새로운 컴퓨터 제품과 전자 제품 분야의 최신 트렌드에 민감하게 반응하며 자랐다. 워즈는 여자 친구를 만나거나 새로운 문화를 접하는 일에는 전혀 관심이 없었고, 전자공학 분야에만 탁월한 재능을 발휘했다. 그는 전자공학 클럽의 회장을 지냈고, 과학경시대회에서 상을 탔으며 항상 전자회로도를 고안하는 일에 몰두했다.

당시 와이어헤드들 사이에 큰 인기를 모으고 있던 것이 HP의 9100A라는 소형 컴퓨터였다. HP에서 개발한 이 기기는 숫자를 입력하면 바로 결과가 계산돼 나오는 전자계산기 기능이 있었다. 지금은 별것 아닌 시시한 기능이지만 당시만 해도 무척 신기한 기능이었다. 워즈는 9100A를 보자마자 도전 정신이 발동했다. 그리고 바로 연구에 몰입하여 비슷한 기계를 만들어냈다. 스티브나 워즈에겐 최신 전자 제품과 새로운 기술을 가장 빨리 접할 수 있는 실리콘밸리에 살고 있다는

---

* 실리콘밸리 고등학생들이 전자공학 클럽 회원들을 일컫는 일종의 은어.
** 사회의 지배적인 문화에 정면으로 반대하고 적극적으로 도전하는 하위문화를 말한다. 대표적인 예로 전통적인 기성문화에 도전한 미국의 히피 문화가 있다.

것 자체가 선택받은 행운이었다. 두 사람에게는 컴퓨터가 애인이자 친구였으며 취미이자 장난감이었다.

하지만 워즈가 전자 기기에 대해 탁월한 집착을 보였던 데 비해 스티브는 고등학교 2학년이 되자 차츰 전자 분야에 흥미를 잃어가고 있었다. 물론 스티브도 다른 아이들에 비해서 전자 기기에 관심이 많았지만 거기에만 미쳐 있지는 않았다. 그는 워즈처럼 뼛속까지 기술자는 아니었다.

○

히피 문화가 좋아 보여

열여섯 살의 스티브는 '나는 누구인가?'라는 정체성의 혼란을 겪고 있었다. 스티브는 자신이 누구인지, 앞으로 무슨 일을 하면서 살아야 하는지에 관심이 많았다. 스티브가 한창 십대의 거칠고 화려한 시기를 보낼 무렵 미국 사회도 변혁의 시기를 겪고 있었다. 1970년대의 미국은 거리마다 반문화 정신 ˙˙ 으로 무장한 히피들이 넘쳐났고 스티브는 그들의 독특한 차림새와 자유분방한 문화에 흠뻑 빠져들었다. 정신적인 방황 속에서 뚜렷한 해답을 찾지 못하고 있던 그는 히피 문화에서 자양분을 섭취하며 자기만의 세계를 구축해 나갔다.

전자 부품을 만지작거리던 두 손에는 셰익스피어의 작품이나 '모비딕*' 같은 문학책들이 들려 있었다. 머리를 어깨까지 치렁치렁하게 길렀으며 학교 대신 테크놀로지 광인 히피들이 모여드는 곳에 출근 도장을 찍었다. 그 자신이 바로 히피였다.

스티브는 전자 기기 말고도 자신이 좋아하면서 가장 잘할 수 있는 일이 무엇인지 알기 위해 끊임없이 찾아다녔다. 자신의 관심을 끄는 일이라면 무엇이든 바로 시도했는데, 조금 생뚱맞기는 하지만 수영팀에서 활동한 적도 있다. 하지만 강인한 체력이 뒷받침되어야 하는 수영은 그의 적성에 맞지 않았다. 스티브는 곧바로 수영을 그만두고 몰두할 만한 다른 일을 찾아 나서기로 했다.

잡스 가족이 예전에 살던 마운틴뷰에는 할텍이라는 상점이 있었다. 실리콘밸리에서 흘러나온 반품 제품이나 불량품들이 들어오는 상점이었다. 차고에서 취미로 기기를 설계하

---

* 미국의 소설가 H.멜빌이 1851년에 지은 장편소설로 거대한 흰 고래를 쫓는 포경선 선장의 이야기.

는 사람들과 프로젝트나 실험을 준비하는 고교생들이 할텍의 주요 고객이었다. 스티브는 당시 고등학생이었지만 주인을 설득해서 주말에 할텍에서 아르바이트를 할 수 있었다.

워즈와 페르난데스가 차고에서 컴퓨터를 만들고 있을 때, 스티브는 할텍에서 아르바이트를 하면서 전자 부품 가격에 대한 안목을 키웠다. 그러다 아르바이트가 없는 날은 페르난데스의 차고에 와서 놀곤 했다. 워즈처럼 컴퓨터를 만드는 일 자체에 빠져 있었던 것은 아니지만 스티브도 워즈가 만드는 컴퓨터에는 꽤 관심이 많았다.

짓궂은 장난을 좋아한다는 점도 스티브와 워즈 사이를 가깝게 해주었다. 워즈가 무언가 계략을 꾸미면 행동력 있는 스티브가 그것을 실행에 옮기곤 했다. 스티브와 워즈는 같이 몰려다니는 악명 높은 장난꾸러기였다. 그러는 와중에도 스티브는 끊임없이 바깥 세계를 탐험했다. 그의 내면에는 전자 기기에 대한 흥미만으로는 채워지지 않는 갈증이 항상 있었다.

그 무렵 스티브는 크리스 앤 브레넌이라는 여자 친구를 만나게 되었다. 혼자서 꿋꿋하게 만화영화를 만들고 있던 크리스 앤은 평범한 것을 싫어하고 권위를 부정하는 당차고 독립적인 소녀였다. 스티브는 크리스 앤을 본 순간 '여자 스티브'

를 만난 것 같은 동질감을 느꼈다. 둘은 곧 사랑에 빠졌고 그녀와 함께 하는 시간은 점점 늘었다. 그들은 종종 와인을 마시고 마리화나를 나눠 피우며 오후 시간 내내 산책을 즐기곤 했다. 낙원이 따로 없었다. 따분한 학교생활과 차고에서 뚝딱거리는 취미로 소일하던 스티브에게 히피 문화는 그렇게 새로운 세상을 열어주었다.

3장

스무 살,
컴퓨터에
인생을 걸다

하고 싶은 일을
너무 빨리
찾아 버렸어

스티브 잡스에 대해 이야기할 때 그의 동업자였
던 스티브 워즈니악을 빼놓을 수 없다. 두 사람
은 환상의 콤비였다. 워즈는 컴퓨터에 대한 천재
적인 기술이 있었고 스티브는 그 기술이 세상에
어떻게 영향력을 미칠지에 관심이 많았다.

열여섯 살의 스티브는 따분한 학교생활에는 별로 관심이
없었다. 그는 학교에 잘 가지 않는 대신 테크놀로지 광인 히
피들 근처에서 놀았다. 당시에 컴퓨터 좀 한다는 사람들 사이
에서는 AT&T(미국전신전화회사)에 특정 주파수를 보내 공짜 전

화를 거는 것이 유행이었다. 말하자면 전화망을 해킹하는 행위였는데, 그런 짓을 하는 악동들을 프리크phreak라고 불렀다. 프리크 중에 가장 악명 높은 인물은 '캡틴 크런치'라는 별명을 가진 친구였다. 스티브는 그에게 직접 찾아가 공짜 전화 걸기의 드넓은 세계를 전수받았다. 스티브와 워즈는 저녁 내내 전 세계로 공짜 전화를 걸면서 시간을 보냈고 자기들도 공짜 전화를 걸 수 있는 장치를 만들어보기로 했다.

드디어 몇 번의 시행착오 끝에 그들만의 장치를 만들었다. 워즈가 설계한 장치, 블루박스는 다른 사람들이 만든 것보다 성능이 훨씬 우수했다. 스티브는 그 작은 박스 하나면 세상 어디든 공짜 전화를 걸 수 있다는 사실에 깊은 인상을 받았다. 수십억 달러에 달하는 미국 전화 회사의 시설이 자기들이 직접 만든 작은 블루박스 하나면 통제가 가능하다니! 세상이 내 손안에 있는 느낌, 스티브에게 실로 놀라운 경험이었다.

깜짝 놀랄 만한 물건을 만들 거야

스티브는 이미 어렸을 때 동네 엔지니어 아저씨를 통해 아무리 복잡해 보이는 기계라도 다 사람이 만드는 것이란 사실을 배웠었다. 그러면서 기계에 대한 자신감도 갖게 되었다. 마찬가지로 블루박스를 통해 아무리 대단해 보이는 권력이나 자본도 자신들의 기술력으로 통제할 수 있다는 자신감을 갖게 되었다. 어쩌면 그때부터 스티브는 막연하게나마 세상을 놀라게 할 대단한 물건을 만들겠다는 영감을 키웠는지도 모른다.

스티브와 워즈는 자기들이 만든 블루박스를 친구들에게 보여주었다. 모두가 그들의 블루박스를 탐냈다. 두 사람은 이제 히피들 사이에서 완전히 유명인사가 되었다. 일찍이 아버지를 설득해서 중학교를 옮긴 적이 있는 스티브는 이번엔 블루박스를 팔아보자고 워즈를 설득하기 시작했다. 스티브는 세상을 놀라게 할 만한 건수를 찾는 데 귀신같은 재능이 있었고, 블루박스는 충분히 그럴 만한 가치가 있는 물건이었다.

아직 학생이었던 두 사람에게 블루박스를 만들 부품 값은 결코 만만치 않았지만, 스티브는 할텍에서 아르바이트를 한 경험을 십분 활용해 부품 값을 흥정했다. 두 사람은 원가가 40달러밖에 안 드는 블루박스를 대당 150달러나 받고 팔 수 있었다. 고등학생 신분으로 꽤 많은 돈을 만지게 되자 스티브는 더 이상 학교를 성실하게 다녀서 졸업하는 데 미련을 갖지 않게 되었다.

재미로 시작한 블루박스 사업은 꽤 성황을 이루었지만 상황이 곧 달라졌다. 전화 회사가 불법 판매 행위를 막기 위해 꽤 극단적인 조치를 취하기 시작한 것이다.

스티브가 피자 가게 주차장에서 불법으로 블루박스를 팔고 있던 어느 날, 그는 누군가가 자신에게 들이대는 총구를 느꼈다. 순간 수많은 임기응변이 떠올랐지만 어떤 행동을 한다고 해도 배에 총알이 박힐 위험을 피할 수는 없을 것 같았다. 생명의 위협을 느낀 스티브는 결국 블루박스를 그냥 넘겨주고 도망쳐야 했다.

스티브는 자신의 미래를 개척하고 돈을 버는 데 지대한 관심을 갖고 있었다. 그리고 블루박스를 파는 것으로는 그런 욕구를 충족시킬 수 없다는 사실을 금세 깨달았고, 오래지 않아 블루박스 사업에서 손을 뗐다. 자신이 진정 원하는 것을 하면서 합당한 방법으로 돈을 벌고 싶다는 생각이 들었다. 그리곤 대학을 가기로 결심했다.

미래의 아이콘을 꿈꾸는 세계 청소년의 롤모델 **스티브 잡스 이야기**

명상을 배우고
동양철학에
심취하다

스티브가 가고 싶어 한 대학은 오리건 주에 있는
리드 대학이었다. 퍼시픽노스웨스트 최고의 인
문대학이었는데, 한편으론 미국 전역에서 동양
사상에 심취한 사람들이 모여드는 학교로도 유
명했다. 스티브는 대학을 결정하는 데도 히피 문화의 영향을
받은 셈이다. 다만 이 학교는 학비가 비싸고 집에서 거리가
멀다는 단점이 있었다. 이 때문에 부모님도 처음에는 스티브
의 의견에 반대했었다. 스티브는 리드에 못 가면 다른 대학에
도 가지 않겠노라고 고집을 피웠다. 중학교 때 스티브의 말에

● 미국 오리건 주에 위치한 4년제 대학이자 스티브 잡스가 다녔던 리드 대학. 스티브는 이곳에서 공부를 시작했지만 결국 6개월 만에 중퇴를 하고 만다.

설득당해 이사를 할 수밖에 없었던 것처럼 부모님은 이번에도 결국 리드 대학의 비싼 등록금을 대줄 수밖에 없었다.

그런데 획일적인 대학 공부는 스티브의 흥미를 끌지 못했고 첫 학기 성적은 형편없었다. 대학 공부에 별 매력을 못 느낀 스티브는 부모님의 돈을 낭비하는 것보다 학교를 그만두는 쪽이 낫다고 판단했고 바로 실행에 옮겼다. 그래도 2년 동안 빈 기숙사 방에 머물면서 캠퍼스를 활보했다. 말하자면 등록금을 내지 않고 듣고 싶은 강좌를 마음껏 들었던 셈이다. 그때가 스티브 인생의 실험기라고 해도 과언이 아니다.

1970년대 초 미국은 히피 문화가 주류였다. 고등학교 때부터 실리콘밸리의 히피들과 어울렸던 스티브도 자연스럽게 히피 문화에 흠뻑 빠져들었다. 그는 공부 대신 다른 것에 몰두하면서 갖가지 튀는 행동으로 전교에 이름을 날렸다. 너저분하게 기른 수염에 누더기 옷을 걸쳤으며 채식을 시작했다. 마약과 같은 환각제와 향정신성 약물을 복용하기도 했고 올원팜All-One-Farm이라는 공동체에서 시간을 보내기도 했다. 대학 시절의 스티브는 자신의 정체성을 찾을 수 있는 일이라면 무엇이든 했다.

심지어 불교나 힌두교 같은 동양의 종교에도 깊은 관심을 가졌다. 동양의 신비주의에 매료되자 이전에 접했던 환각제는 어린애 호기심에 불과하게 느껴졌다. 스티브는 환각제를 그만두고 의식을 고취시키는 동양철학에 빠져들었다.

◉

나를 증명하고 싶어

어느 날 스티브는 선불교의 스승에게 물었다.

"스피드에 대해 어떻게 생각하세요?"

당시의 그는 자신을 증명하고 싶어서 안달이 나 있었고, 일을 빨리 하는 사람이 더 훌륭한 사람이라는 생각을 가지고 있었다. 이러한 관심은 자신이 누구이고 이 세상에 왜 태어났는지를 찾는 개인적인 여정과 다를 게 없었다. 이렇듯 젊은 시절 스티브의 마음속에는 자신을 세상에 증명해보여야 한다는 강박관념이 깊이 박혀 있었다. 그는 자기가 어떤 사람인지 알기 위해 끊임없이 탐구했고, 그런 갈증이 그를 더욱 조급하게 만들었다.

자기의 정체성을 찾으려는 노력은 입양아라는 태생적인 사실과도 어느 정도 연관이 있었다. 그래서 그는 자기를 낳아준 생모를 찾기 위해 사립탐정을 고용하기도 했다. 물론 그 노력은 성과를 얻지 못하고 수포로 돌아갔다. 그렇다고 스티브가 자신을 이날 이때까지 키워준 부모님의 사랑을 의심했던 것은 아니다. 그는 부모님을 마음 깊이 존경하고 있었다. 다만 자신을 사로잡고 있던 '내가 누구인지'에 대한 끊임없는 질문에 대한 해답을 찾고 싶었을 뿐이다.

이 시기에 접한 영적인 책들과 선불교는 스티브의 가치관과 인생에 지대한 영향을 끼친 걸로 보인다. 애플이라는 거대한 함선을 이끌 때 내걸었던 '여행은 보상이다' 같은 슬로건도 알고 보면 선불교에서 영향을 받은 것이다.

동양철학은 그동안 합리적이고 분석적인 전자공학에 치우친 그의 정신세계에 균형을 잡아주는 역할을 했다. 또 체험과 직관을 통해 자기완성을 강조하는 선의 가르침은 기성 체제를 거부하는 히피 문화와도 통하는 바가 있었다.

무엇보다 선은 직관과 자연스러움을 생명처럼 여겼다. 그는 선불교와 동양철학에 심취하면서 무슨 일을 하던 자신의 직관에 의지해야 한다는 것을 배웠다.

"남은 인생을 낭비하지 마라. 다른 사람이 당신의 내면의 목소리를 잠식하도록 두지 마라. 무엇보다 중요한 것은 자신의 가슴과 직관을 따를 수 있는 용기를 지니는 것이다. 당신이 정말로 무엇이 되고 싶어 하는지는 당신 가슴과 직관이 이미 알고 있다."

스티브는 이 가르침을 가슴에 새기고 앞으로 무슨 일을 하던지 직관에 의지해서 하리라고 다짐했다. 애플을 창업하고 나서 수많은 난관과 어려움이 닥쳤지만 스티브는 그때마다 자신의 직관에 의지해 문제를 해결해 나갔다. 물론 그것이 때로는 잘못된 선택이 될 때도 있었다. 그러나 스티브는 어느 누구도 아닌 내면의 목소리에 귀 기울일 줄 알았다. 직관으로 사물을 꿰뚫어 보고 그 위에 자신만의 상상력을 보태는 것이 오늘의 그를 있게 한 가장 큰 원동력이라고 할 때, 명상과 선불교는 그런 훈련을 가능하게 한 든든한 사상적 배경이었다.

그러나 스티브는 진리라는 이유로 무조건 받아들여야 하는 방식에는 동의하지 않았다. 그는 스스로 모든 것을 직접 경험해 보고 싶었고 두 눈으로 확인해야만 직성이 풀렸다.

당시의 스티브는 과학이 제시해주지 못하는 또 다른 진실에 목말라 있었다. 그것은 자신이 어떤 사람이고 무슨 일을 해야 하는지를 찾는 과정이기도 했다. 그는 아무 것도 아닌 채로 느리게 흘러가는 시간이 고통스럽기만 했다. 그러다 어느 날 문득 인도에 가야겠다는 생각이 들기 시작했다.

"인도에 가서 힌두교 스승을 만날 거야."

그는 자신이 누구인지에 대한 해답을 얻어야 했고 그런 마음이 스티브를 인도로 이끌었다.

인도 여행을
통해
배운 것

인도에 가야겠다고 결심할 무렵 스티브는 대학을 그만두고 게임회사 아타리에서 근무하고 있었다.

일단 인도에 가겠다는 결심이 서자 그때부터 스티브에게 회사 일은 뒷전이었다. 보통 사람이라면 직장을 그만두면서까지 여행을 간다는 게 쉬운·일이 아닐 것이다. 이제까지 자신이 누려왔던 안정적인 것들을 모두 포기해야 하기 때문이다. 하지만 스티브에게는 그런 것이 전혀 문제가 되지 않았다. 그에게는 무엇보다 지금 현재의 갈망과 의문을 푸는 것이 급선무였다.

마침 저축해둔 돈도 수천 달러나 됐다. 그러나 미국에서 인도까지 혼자 여행을 떠나는 것은 왠지 엄두가 나지 않았다. 스티브는 친구 댄 코트키를 꼬드겼다.

"비행기 요금은 내가 댈게. 같이 가자, 응?"

수중에 돈 한 푼 없었던 코트키로서는 비행기 값을 대신 내주는 여행을 마다할 이유가 없었다. 그들은 그날로 인도로 날아갔다. 스티브는 이번 여행에서 편안하게 관람하는 여행자가 되는 것을 원하지 않았다. 완벽한 현지인이 되어 인도를 속속들이 겪어보고 싶었고, 탁발승*처럼 동냥을 하면서 여행을 하리라 다짐했다.

스티브와 코드키는 도착하자마자 청바지와 티셔츠를 인도 탁발승이 주로 입는 룽기**로 바꾸고 나머지 옷들은 모두 인도인들에게 나누어주었다. 그들은 폐가에서 잠을 청했고 마을에서 음식을 구해 끼니를 때웠다. 그렇다고 타고난 기질마저 변한 것은 아니었다. 스티브는 무언가를 사야할 때는 여러

---

* 집집마다 다니며 동냥을 하는 승려.
** 인도 탁발승들이 허리에 두르는 전통 의상.

군데를 돌아다니며 진짜 가격을 알아낸 후 능숙한 흥정 솜씨를 발휘했다. 덕분에 현지에서 바가지를 쓰는 일은 없었다.

○

이제 뭔가 잡힐 듯해

맨발로 걷는 유랑은 계속됐다. 거처를 구하지 못하면 아무 데서나 잠을 청하기도 했다. 그들의 옷차림과 모습은 점점 남루해져 영락없는 거지꼴이 되었다. 한번은 마른 개울 바닥에서 자다가 천둥 번개가 치고 빗줄기가 거세져 홍수에 쓸려 내려갈 뻔한 적도 있었다.

여행이 계속될수록 스티브는 차츰 인도의 실제 모습에 혼란을 느꼈다. 그곳은 자신이 심취한 동양철학과 존재의 물음에 가르침을 줄 영적 스승의 나라가 아니었다.

그는 인도에서 난생처음으로 극한의 가난을 목격했다. 그것은 자발적으로 선택한 가난이 아니라 어쩔 수 없이 강요된, 벗어날 수 없는 가난이었다. 풍요가 넘치는 미국에서 나고 자란 스티브에게 인도의 실상은 너무나 강렬하고 충격적인 것이었다. 상상과 현실은 너무나 달랐고, 간절히 원하던 질문의

해답을 구할 수도 없었다.

여행이 계속될수록 스티브 내면의 열망은 점점 커졌고, 차츰 자신만의 진리를 깨달아갔다. 어쩌면 세상을 바꾸는 건 카를 마르크스*같은 혁명가나 님 카롤리 바바**같은 영적 스승이 아니라 토머스 에디슨 같은 사람일 수도 있겠다는 생각이 스티브의 머릿속을 스쳤다. 세상을 바라보는 통찰력도 중요하지만 실용적이고 기술적인 혁신이야말로 세상에 실질적으로 도움이 될 거란 생각……. 그리고 자신의 힘으로 세상을 바꾸고 싶다는 열망이 심장 한 가운데서 씨앗을 터뜨리는 것 같았다. 그리고 전자공학이 그런 바람을 실현시켜 줄지도 모른다는 생각이 들자 스티브는 하루빨리 자신이 있던 자리로 돌아가고 싶어졌다. 길고 긴 여정 끝에서 그는 새로운 열정으로 충만해 있었다.

---

* 독일의 경제학자이자 철학자, 〈자본론〉이라는 책을 저술했다.
** 인도의 유명한 영적 스승.

대학 졸업장
대신 창업을
선택하다

스티브는 인도 여행에서 돌아오자마자 다시 아
타리로 돌아갔다. 회사는 흔쾌히 자리를 내주었
다. 스티브가 처음 아타리에 입사한 것은 대학을
일찌감치 그만두고 집에 돌아와 빈둥거리고 있
을 때였다. 당시에 아타리사는 탁구 게임인 '퐁'이 대박을 치
면서 기하급수적으로 성장하고 있는 회사였다. 스티브도 별
기대 없이 아타리에 면접을 보러 갔는데, 놀랍게도 즉시 채용
되었다. 그럴 만도 한 것이 기술자가 부족했던 아타리는 당시
에 지원하는 사람들 대부분을 채용했었다. 하지만 스티브가

채용된 데는 그의 저돌적인 성격도 한몫했다. 인사부장 앨콘은 그때 일을 이렇게 기억한다.

"리드 대학을 중퇴한 스티브는 당시 열여덟 살이었죠. 그 괴상한 친구는 우리가 자신을 써주지 않으면 돌아가지 않겠다고 말했어요. 황당하긴 했지만, 당시에는 걸핏하면 사람들이 찾아와서 '안녕하세요. 여기서 일하고 싶은데요.'라고 말하던 시절이었기 때문에 그러려니 했어요."

아타리가 스티브를 채용한 이유는 이랬다.

"스티브는 아타리에서 일하겠다는 의사가 확실했고 재능이 번득였어요. 그에게는 뭐랄까, 내적인 에너지랄까, 반드시 해내고야 말겠다는 강인한 의지가 엿보였어요."

직장생활이라고는 해본 적이 없는 스티브는 완전한 히피 스타일 복장에 몸에서 냄새도 났다. 인사담당자는 경찰을 부르든지 그를 채용하든지 둘 중 하나를 결정해야 했다. 결국 아타리는 스티브를 채용하는 대신 다른 직원들을 성가시게 하지 않게 밤에만 근무하라고 조건을 달았다.

스티브가 아타리에 취직했을 때 워즈는 휴렛패커드에서 일하고 있었고 두 사람은 여전히 친하게 지내고 있었다. 워즈는 아타리에서 개발한 자동차 경주 게임인 그랜트랙Gran Track

에 빠져 있었다. 스티브는 워즈를 자기 회사로 불러들여 밤새 게임을 할 수 있도록 해주었다. 그러면서 자기가 하는 일에 기술적인 도움이 필요하면 워즈에게 부탁하곤 했다.

◉

워즈와 함께라면

인도에 다녀온 후 다시 회사생활을 시작하긴 했지만 스티브는 회사일에 만족할 수 없었다. 그는 일찌감치 자신이 무엇을 할 때 가장 열정적이며 흥분과 재미를 느끼는지 알고 있었다. 바로 자기만의 프로젝트를 진행할 때였다. 스티브는 자신이 원하는 것을 얻었을 때의 성취감과 짜릿한 기쁨을 지속적으로 맛보고 싶었다. 그즈음 상사가 스티브에게 이런 부탁을 했다.

"스티브, 요즘 우리 회사에서 개발하는 게임 중에 브레이크아웃*이라는 게 있는데, 자네가 업무와 별도로 이 게임의 회로판 개수를 줄여보지 않겠나? 보너스는 두둑이 주겠네."

---

* 벽돌 벽을 깨고 나와야 이기는 게임. 이 게임을 잘 하려면 철저한 집중력과 강한 승부력이 있어야 한다.

스티브는 바로 워즈에게 그 일을 맡겼다.

"워즈, 이 게임을 만드는 데 들어가는 집적 회로판의 개수를 50개보다 적게 들어가도록 설계할 수 있을까? 이걸 같이 하고 보너스를 반반 나눠 갖자."

그건 워즈가 가장 잘할 수 있는 일이었다. 워즈는 마다할 이유가 없었다. 워즈와 스티브는 4일 밤을 새워가며 그 일에 매달렸다. 이 강행군으로 워즈는 병이 날 지경이었지만 늘 그렇듯 터무니없이 적은 개수의 칩으로 브레이크아웃을 설계할 수 있었다.

상사는 그 결과물을 아주 흡족해했고 보너스로 5,000달러를 스티브에게 건넸다. 여기까지는 그런 대로 괜찮았다. 하지만 스티브가 워즈에게 회사에서 700달러만 받았다고 거짓말을 하고 350달러만 건넨 것이다. 결국 회로판 설계를 혼자 도맡아서 한 워즈는 터무니없이 작은 금액을 받았고, 워즈가 일을 하는 동안 콜라 심부름만 했던 스티브만 거액의 보너스를 챙긴 셈이다.

10년이 지나서야 이 사실을 우연히 알게 된 워즈는 스티브에 대한 배신감 때문에 치를 떨었다고 한다. 하지만 워즈는 브레이크아웃 프로젝트에 관여했던 것을 후회하지는 않는다고 말했다. 훗날 애플 컴퓨터를 설계하는 데 귀중한 밑거름이 되었기 때문이다.

스티브는 아타리에서 받은 빵빵한 보너스로 혼자 느긋하게 휴가를 즐겼다. 아직까지 스티브와 워즈 사이는 좋은 편이었고, 어떤 의미에서는 환상의 콤비이기도 했다. 워즈는 전자 기기 설계에 관해 천재적인 재능을 지니고 있었고 스티브는 제대로 돈을 버는 방법을 알고 있는 수완 좋은 청년이었다. 게다가 스티브는 할텍에서 한 아르바이트 경험으로 부품 가격에 대한 남다른 감각도 갖고 있었고, 중고차 영업사원이었던 아버지에게 배운 노하우도 충분했다.

워즈는 컴퓨터를 디자인하거나 비디오 게임을 하는 것 말고는 다른 것에 전혀 관심이 없었다. 하지만 스티브는 세상을 놀라게 할 만한 일을 하고 싶다는 야심이 있었다. 시간이 지날수록 전자 산업 분야에서 일하고 싶다는 스티브의 꿈은 점점 구체화되기 시작했다. 워즈와 함께라면 꽤 괜찮은 사업을 시작할 수 있을 것 같았다. 하지만 무엇을 만들어 팔아야 할까? 젊고 야심 찬 스티브는 맹수가 먹이를 노리듯 기회를 엿보고 있었다.

워즈,
나랑 사업을 해보지
않을래?

스티브는 새로운 분야일수록 해볼 만한 가치가
있다고 판단하고 여러 방면으로 촉수를 곤두세
웠다. 기존의 것보다 더 적은 부품으로 동질의
상품을 만들어낸다면 수익이 보장된다는 것은
이미 경험한 바 있다. 기회는 생각보다 빨리 찾아왔다.

1975년 1월 〈파퓰러 일렉트로닉스〉지는 앨테어 컴퓨터 키
트˚에 대한 기사를 대대적으로 다루었다. 미래를 내다보는
사람들은 앨테어 컴퓨터 키트를 보며 조만간 퍼스널 컴퓨터
의 시대가 도래할 것이라고 앞다퉈 점쳤다.

그때까지만 해도 사람들은 컴퓨터라고 하면 큰 기업에서 사용하는 탱크처럼 거대한 덩치의 컴퓨터만을 떠올렸고, 컴퓨터를 거실에 옮겨와 장난감처럼 자유자재로 갖고 놀 수 있을 거란 상상은 하지 못했다. 물론 앨테어 컴퓨터 키트는 지금과 비교하면 정말 원시적인 수준의 컴퓨터였다. 하지만 그 인기는 점점 더해갔다. 스티브의 동물적인 감각이 마침내 신호를 보냈다.

'바로 이거다!'

물론 다른 사람들도 이 소형 컴퓨터에 지대한 관심을 보였다. 퍼스널 컴퓨터 시대를 내다본 실리콘밸리의 교사 밥 앨브레히트는 몇몇 동료들과 함께 '홈브루 컴퓨터 클럽Homebrew Computer Club **'이라는 동호회를 만들어 정보를 교환하고 있었다.

휴렛패커드의 정직원이 되어 계산기 설계일을 하고 있던 워즈는 스티브와 함께 이 홈브루 클럽에 열성적으로 참여했

---

* 세계 최초의 소형 컴퓨터로 자판이나 모니터가 없는 원시적인 컴퓨터.
** 실리콘밸리에 있는 초기 컴퓨터 취미생활자 클럽으로 각종 부품, 회로, 컴퓨터 장치를 스스로 조립하는 데 필요한 정보를 교환하기 위해 모였다.

NEWSLETTER

Homebrew Computer Club

Robert Reiling, Editor □ Post Office Box 626, Mountain View, CA 94042 □ Joel Miller, Staff Writer
Typesetting, graphics and editorial services donated by Laurel Publications, 17235 Laurel Rd., Los Gatos, CA 95030 (408) 353-3609

RANDOM DATA
By Robert Reiling

Computer clubs continue to form around the country... E. Brooner would like to have material to help him get started with the "Flathead Computer Society" in the Kalispell area. His Address is P.O. Box 236, Lakeside, Montana 59922.

Did you see the SOL terminal demonstrated by Bob Marsh at the Sept. 1st meeting? An excellent design that will interest hobbyists and commercial users alike. It's available from Processor Technology, 6200 Hollis St., Emeryville, CA 94608. Write them for prices and specifications.

The OSI Systems Journal has been sent to all OSI customers (free—at least for the time being). It's a bi-monthly magazine with plans to go monthly in the future. There are 28 pages in the first issue (August 1976, Vol. 1, No. 1) with a hardware feature covering the OSI 440 Video Graphics System and software, features concerning Tiny BASIC for the 6800 and a Graphics Editor for the 6502. It also includes OSI product and software catalog data. The BASIC is, of course, the 2K Tiny BASIC developed by Tom Pittman. Many of you have met Tom at the Homebrew computer Club meetings. The OSI Systems Journal is a good way to learn more about the OSI computer hardware and software along with helpful user information. The contact address is: The OSI Systems Journal, P.O. Box 134, Hiram, Ohio 44234.

KIM-1 users now have a newsletter. Eric Rehnke is producing the newsletter every 5-8 weeks, MOS Technology, Inc. helped get it started by sending copies to all known KIM owners. The user group, however, is independent of MOS Technology, Inc. The newsletter is devoted to KIM-1 support. Subscriptions are $5.00 for the next six issues. Contact "KIM-1 User Notes," c/o Eric C. Rehnke, Apt. 207, 7656 Broadview Rd., Parma, Ohio 44134.

The BAMUG club has a new contact address. It is BAMUG, c/o Timothy O'Hare, 1211 Santa Clara Ave., Alameda, CA 94501. Write Timothy for club information. I suggest you include a stamped, self-addressed envelope.

Beware of board snatchers! Glenn Ewing reports 11 boards were taken out of his IMSAI computer. The boards are: MPU, 4 RAM-4's, SIO-2, P10-4, PIC-8, PROM-4, IFM and FIB. Glenn suggests you consider providing good security for your computer and associated equipment. In his case the computer was in a locked office which was burglarized. In the event you have information on the above boards, write Lt. Glenn Ewing, Code 62EI, Naval Post Graduate School, Monterey, CA 93940.

For family and friends of people who always wanted to know about computers, but didn't want to ask them, four easy-going classes are available starting Oct. 19th on Tuesdays from 7 to 9 p.m. You can learn how computers work and what they can and can't do. You will also have some of the jargon deciphered, see what you can do with a computer, play some games and learn to program. The cost is $25. Contact the Community Computer Center, 1919 Menalto Ave., Menlo Park, CA 94025, phone (415) 325-4444.

A call for papers in personal computing has been issued by the 1977 National Computer Conference. The conference is scheduled for June 13-16, 1977. I have a few copies of the guidlines if you would like to submit a paper.

The First West Coast Computer Faire will be held April 16 and 17, 1977 at the San Francisco Civic Auditorium. This Faire is shaping up rapidly. If you would like to lead a conference or participate in a conference session, please contact me. More information about the Faire is in the accompanying article. □

THE FIRST WEST COAST COMPUTER FAIRE
A Call For Papers And Participation

The San Francisco Bay Area is finally going to have a major conference and exhibition exclusively concerned with personal and home computing—The First West Coast Computer Faire. And, it promises to be a massive one! It will take place in the largest convention facility in Northern California: The Civic Auditorium in San Francisco. It will be a two-and-a-half day affair, starting on Friday evening and running through Sunday evening, April 15-17.

It is being sponsored by a number of local and regional hobbyist clubs, educational organizations and professional groups. These include:

- The two largest amateur computer organizations in the United States—the Homebrew Computer Club and the Southern California Computer Society
- Both of the Bay Area chapters of the Association Of Computing Machinery—the San Francisco Chapter and the Golden Gate Chapter
- Stanford University's Electrical Engineering Department

홈브루 컴퓨터 클럽의 회보는 실리콘밸리 문화정보에 큰 영향력을 발휘했다. 회원들이 직접 수록한 각종 정보로 클럽 회원들이 앨테어 같은 오리지널 키트 컴퓨터를 만드는 것을 도왔다.

다. 이 클럽은 서로의 아이디어에 자극을 주고받고 다른 사람보다 먼저 성과를 내기 위해 선의의 경쟁을 펼치는 좋은 자극제가 되었다.

1975년 가을 워즈는 자신이 만든 새 인쇄회로기판PCB *을 자랑스럽게 내놓았다. 그해 겨울에는 두 번째 회로기판을 선보였다. 둘 다 컬러 화면을 구동하기 위한 회로기판이었고 TV를 모니터로 사용할 수 있도록 설계되었지만 클럽에서는 별 관심을 끌지 못했다. 그러나 스티브는 워즈의 작업물에 놀라움을 감추지 못했다.

"워즈, 이건 굉장해!"

워즈는 자신이 애써 만든 작품에 호감을 보이는 스티브가 고마웠다. 하지만 아직 볼품없는 제품이라는 건 인정하고 있었다.

"과찬의 말씀. 겨우 시작에 불과한데 뭘."

"아냐, 이 정도면 서로들 사려고 안달이 날 거야."

워즈가 만든 회로기판을 보자마자 스티브는 이거야말로

---

* 구멍이 없는 한쪽이 동판으로 된 기판(전기회로가 편성되어 있는 판)에서 전도선이나, 신호 선을 사용하여 전기적으로 전자 부품을 연결한 것이다.

자신이 찾던 바로 그것이라고 확신했다. 스티브는 머릿속으로 재빨리 그림을 그렸다. 그는 컴퓨터 애호가들이 인쇄회로 기판만 있으면 손수 자기만의 컴퓨터를 조립하고 싶어 한다는 걸 알고 있었다. 그들만 잘 공략한다면 이 사업은 승산이 있었다. 스티브는 흥분을 감추지 못하고 말했다.

"이건 대박 아이템이야! 워즈, 넌 만들기만 해. 난 이걸 필요로 하는 사람들을 알고 있으니까."

우리는 서로를 믿고 있어

스티브는 자신만만했다. 그때까지만 해도 그의 사전에는 '불가능'이라는 단어가 존재하지 않았다. 그는 어떤 아이디어 하나에 매료되면 앞뒤 재지 않고 열정적으로 매달리곤 했다. 아이디어가 그를 사로잡으면 그는 한 치의 의심 없이 자신의 감을 믿고 따랐다. 실패에 대한 두려움 따위는 없었다. 그것은 실패를 해본 적이 없는 젊은이만이 가질 수 있는 유일한 낙천성이었고, 바로 그 점 때문에 스티브는 남들이 쉽사리 결정하지 못하는 일에 과감히 도전할 수 있었다. 적어도 지레 겁먹고 포기하는 일은 스티브에게 어울리지 않았다. 오히려 남들이 하지 않는 일에 도전하는 것이 스티브의 적성에 맞았다.

그건 워즈도 마찬가지였다. 어려운 과제일수록 의욕이 생겼다. 워즈는 더 적은 부품으로 더 우아하고 훌륭한 제품을 만드는 일을 좋아했다. 계획대로 제품이 만들어지면 무엇과도 바꿀 수 없는 희열을 느꼈다. 스티브는 워즈와 함께 동업을 하기를 원했다. 하지만 휴렛패커드라는 안정적인 회사에 다니고 있던 워즈로서는 스티브의 제안이 부담스러울 수밖에 없었다.

솔직히 회로기판을 만들고 연구하는 건 워즈에게 직업이라기보다는 취미생활에 가까운 일이었다. 그런데 이제 스티브는 그것으로 사업을 하자고 그를 부추겼다. 스티브의 제안은 솔깃하긴 했지만 워즈로서는 쉽게 결정할 수 있는 사안이 아니었다. 갈등하던 워즈는 부모님에게 자기 고민을 털어놓았다. 워즈의 아버지는 둘의 공동 창업을 극구 반대하고 나섰다.

"난 네가 왜 스티브랑 어울리는지 모르겠다."

워즈의 아버지 제리는 평소부터 스티브를 못마땅하게 여겼다. 제리의 눈에 스티브는 자신은 아무것도 하지 않으면서 워즈 주변을 얼쩡거리는 괴팍하고 한심한 아이였다. 게다가 나이에 맞지 않는 야망이 불편하게 느껴졌다. 제리는 착하고 성실하고 재능 있는 자기 아들이 그런 아이와 공동 창업을 하겠다는 것이 마음에 들지 않았다. 하지만 워즈는 누구보다도 스티브의 장점을 잘 알고 있었다.

"아버지, 스티브는 수완이 아주 뛰어나요. 그 애에게 차 한 잔 마실 정도의 시간만 허락한다면 어떤 이야기를 하든 설득당하고 말 걸요."

"그래, 좋아. 둘이 사업을 한다고 치자. 하지만 어차피 회로기판을 만드는 건 너잖니. 그런데 어째서 수익을 반으로 나눈다는 거지?"

워즈는 잠깐 생각하더니 말했다.

"물론 스티브는 아무것도 만들지 않아요. 하지만 스티브가 없었으면 전 이걸 내다 팔 생각조차 못했을 거예요."

워즈의 설명에도 불구하고 아버지는 도무지 납득하려고 들지 않았다. 또 당시 워즈는 결혼한 지 얼마 되지 않았는데, 아내 앨리스의 반대도 만만치 않았다. 앨리스는 워즈가 회로기판을 만드느라 집안을 온통 부품 창고로 만드는 것이 불만이었다.

가까운 사람들이 반대하고 워즈가 망설일수록 스티브는

강하게 밀어붙였다.

"워즈, 다른 생각은 할 필요 없어. 지금은 회로기판을 만드는 데 전념해야 해. 이번에 좋은 결과를 내면 가족들도 우리를 인정해줄 거야."

결국 워즈는 스티브의 지속적인 격려와 끈질긴 설득에 굴복하고 말았다.

1976년 4월 1일 만우절 날, 워즈와 스티브는 회사 지분을 똑같이 나눠 가지며 회사를 창업했다. 시작은 단출했다. 스티브의 집 차고가 사무실이었다. 그때만 해도 세상을 뒤흔들겠다는 거창한 포부는 없었다. 워즈가 만든 회로기판은 상업용이 되기에는 아직 많이 부족했고 스티브도 기껏해야 원가 25달러로 만든 회로기판을 50달러 정도에 팔아서 초기 투자금만 회수할 수 있다면 좋다고 생각했다. 이처럼 소박한 바람을 싣고 스티브와 워즈의 회사는 광활한 바다로 출범했다.

스무 살, 컴퓨터에 인생을 걸다

PART **2**

컴퓨터
마니아,
사업가가
되다

4장

사업이라는
전쟁터에 뛰어든
두 명의 컴퓨터
마니아

사과 농장에서 얻은 '애플'이라는 상호

워즈의 회로기판을 보고 새로운 사업을 떠올렸을 때부터 스티브는 다른 엔지니어들이 만든 회로기판과 자기들의 회로기판이 달라야 한다고 생각했다.

'어떻게 하면 그 숱한 회로기판들 틈에서 돋보일 수 있을까?'

스티브는 자신들의 회로기판에 인상적인 이름을 붙여야겠다고 생각했다. 사업을 하기로 했으니 그럴 듯한 회사명도 필요했고 이왕이면 회사명을 본 떠 제품에 이름을 붙일 작정이었다. 스티브는 일찌감치 이름의 중요성을 알고 있었다. 그것은 곧 제품의 브랜드가 될 것이고 자신들을 대표하는 이미지가 될 것이기 때문이다.

워즈와 스티브는 신중하게 이름을 고르고 골랐다. 이그제큐텍Executek이나 매트릭스 일렉트로닉스Matrix Electronics 같은 기술과 관련된 이름들이 후보로 떠올랐지만 썩 내키지 않았다. 스티브는 보다 쉽고 상징적이면서도 철학이 담긴 이름을 원했다.

그즈음 스티브는 오리건 주의 사과 농장에서 선禪 애호가들과 많은 시간을 보내고 있었다. 1년 전부터 명상 모임에 참석하고 있던 스티브는 조용히 생각할 것이 있거나 마음이 복잡해질 때면 사과 농장을 찾곤 했다. 그날도 오리건 주의 사과 농장에 다녀오는 길이었다. 여행길에서 돌아온 스티브는 조금은 들뜬 목소리로 워즈를 불렀다.

"워즈! 좋은 이름이 떠올랐어. 애플 어때? 애플 컴퓨터!"

워즈도 그 이름이 싫지 않았다. 단순하면서도 품위가 느껴지는 이름이라고 생각했다. 스티브가 한층 들떠서 말했다.

"애플은 자연친화적인 이름이야. 딱딱한 기계에 생명을 불어넣는 것 같지 않아? 게다가 애플은……."

스티브는 의미심장하게 웃으며 말했다.

"전화번호부에 아타리Atari보다 먼저 나와."

"괜찮긴 한데……."

워즈는 약간 걸리는 게 있었다.

"애플이라는 이름은 이미 있잖아."

그건 사실이었다. 1968년에 이미 비틀즈*가 애플레코드사Apple Records와 모기업인 애플사Apple Corps를 설립했던 것이다. 워즈는 나중에라도 이름 때문에 법적 분쟁이 일어나지나 않을까 염려했다. 하지만 이미 애플이라는 이름을 마음에 둔 이상 스티브를 설득할 재간은 없었다.

"오늘 저녁 다섯 시까지 이름이 정해지지 않으면 그냥 애플로 하는 거다?"

스티브는 실제로 사과를 좋아했다. 사과를 한 입 베어 물다 좋은 생각이 떠오르면 그 아이디어에 열중하곤 했다. 결국 그날 5시까지 회사 이름이 정해지지 않자 회사 이름은 자동적으로 애플이 되었다.

---

* 영국 출신의 4인조 락밴드. 그들의 영향력은 단순히 음악뿐만이 아니라 1960년대의 사회 및 문화적 혁명을 야기했다.

사업이라는 전쟁터에 뛰어든 두 명의 컴퓨터 마니아

애플의 로고는 잘 알려져 있다시피 한 입 베어 문 사과 모양인 '바이트 애플Bite Apple'이다. 바이트Bite는 컴퓨터의 비트 Bit, 바이트Byte와 발음이 유사해서 사람들에게 친숙한 느낌을 주었다. 지금도 바이트 애플은 애플을 상징하는 최고의 가치로 인정받고 있다.

회사 이름을 '애플'로 정하고 나서 본격적인 사업의 모양새를 갖추기 시작했다. 그들의 첫 작품에는 애플 I 이라는 타이틀을 붙였다. 그것은 앞으로도 계속 제품을 개발하겠다는 의지를 담은 이름이었다.

하지만 아직 이십대인 두 사람은 빈털터리나 다름없었다. 쌈짓돈을 다 모아도 고작 1,000달러 정도가 전부였다. 스티브는 자신이 아끼던 자동차까지 내다 팔면서 돈을 마련해봤지만 별 도움은 되지 않았다. 이 정도의 자본금으론 부품 값을 대기도 어려운 실정이었다. 스티브는 이제 자신이 나서야 할 차례라는 걸 알았다.

"걱정 마, 워즈. 내가 알아서 할게. 이건 내가 제일 잘하는 일이니까!"

큰 소리를 뻥뻥 치고는 스티브는 애플 I 이라고 명명한 워즈의 회로기판을 들고 의기양양하게 홈브루 클럽으로 찾아갔다. 그러나 홈브루 클럽 회원들 눈에 워즈의 회로기판은 납땜 흔적이 확연한 초보가 만든 조악한 제품에 불과했다. 스티브는 별다른 수확도 없이 어깨를 축 늘어뜨린 채 차고로 돌아왔다.

하지만 전혀 수확이 없었던 것은 아니다. 스티브가 사람들을 모아놓고 회로기판의 기능에 대해 열변을 토하고 있을 때 그 기계에 흥미를 가지고 조용히 지켜보던 사람이 있었다. 훗날 컴퓨터 체인점 '바이트 숍Byte Shops'을 만든 폴 테럴이다. 테럴은 사실 평소에 스티브를 별로 좋아하지 않았다. 성격이 너무 저돌적이라고 생각해서 클럽에서 만나도 겨우 눈인사만 하는 사이였다. 하지만 스티브가 가지고 온 회로기판에는 관심이 있었다. 테럴은 판매할 제품이 필요했고 워즈가 선보인 제품이 상품가치가 있다고 판단했다. 테럴이 스티브에게 연락을 해왔을 때, 스티브는 별 기대 없이 그의 가게로 찾아갔다. 밑져봐야 본전이었다.

"하나에 500달러 쳐줄 테니 회로기판을 50개 정도 만들어 줄 수 있겠나?"

500달러? 스티브는 자신의 귀를 의심했다. 500달러에 50개면 자그마치 2만 5,000달러였다. 현재 있는 총자본금 1,000

달러의 무려 25배나 되는 돈이었다. 마다할 이유가 없었다. 스티브가 그러겠다고 하자 테럴은 마지막에 한마디를 덧붙였다.

"대신 완제품, 완전히 조립된 회로기판이어야 하네."

최초의 애플, 애플 I 이 탄생하고

애플의 첫 거래가 이루어진 순간이었다. 스티브는 진짜 사업가가 된 벅찬 기분에 사로잡혔다. 그날부터 스티브는 바빠지기 시작했다. 주문량을 맞추려면 부품이 필요했고 부품을 구하려면 자금이 필요했다. 자금을 마련하는 것이 스티브의 첫 번째 임무였다. 스티브는 주문서가 마치 신용증서라도 되는 양 주머니에 넣고 실리콘밸리 이곳저곳을 헤집고 다녔다.

그러나 이제 막 사업을 시작한 스물한 살의 애송이에게 거액의 사업 자금은 대줄 사람은 어디에도 없었다. 번번이 거절을 당하고 더 이상 찾아갈 곳이 없게 되었을 때 스티브는 고민에 빠졌다. 자신이 작정만 하면 무엇이든 해낼 수 있다고 믿었지만 처음부터 난관에 부딪히고 만 것이다. 그러나 이만한 일에 풀이 죽을 스티브가 아니었다. 스티브는 무슨 일을 하든 가능한 일만 하는 것이 아니라 필요한 일을 해야 한다는 신념을 가지고 있었다. 그리고 필요한 일이라면 그것이 무엇이든 반드시 해내고야 마는 근성도 있었다.

스티브는 방법을 바꾸기로 했다. 급한 대로 부품을 외상으로 사들이기로 한 것이다. 스티브는 키럴프 일렉트로닉스라는 대형 부품 상점에 무작정 들어가서 주문서를 내밀었다. '직접 부딪혀서 해결하기!', 그것이 스티브의 특기이자 장기였다.

키럴프의 지배인인 밥 뉴턴은 이 무모한 청년 앞에서 할 말을 잃었다. 스티브는 생전 처음 보는 사람에게 주문서 한 장을 달랑 내밀고 2만 달러가 넘는 부품을 외상으로 가져가겠다고 말하고 있었다. 용기가 가상하기는 했지만 뉴턴은 일을 복잡하게 만들고 싶지 않았다.

"자네가 무슨 말을 하는지는 알겠네만, 우선 주문서의 내용이 사실인지 확인할 필요가 있겠네. 테럴에게 확인해보고 나중에 연락을 주지."

일단 스티브를 돌려보낼 심산이었다. 하지만 스티브는 그 자리에 앉아 꼼짝도 하지 않았다.

"지금 당장 해보세요. 확인하실 때까지 여기서 기다리겠

　　사업이라는 전쟁터에 뛰어든 두 명의 컴퓨터 마니아

습니다."

스티브가 고집을 피우기 시작하면 당해낼 자가 없었다. 그건 어릴 때나 성인이 된 지금이나 마찬가지였다. 뉴턴은 스티브의 집념과 열의에 탄복하고 말았다. 결국 그는 스티브가 보는 앞에서 테럴과 통화를 했고, 주문서의 내용이 사실이라는 것을 확인하고서야 그 자리에서 외상 영수증을 끊어주었다.

스티브가 부품을 마련하는 사이 워즈는 회로기판을 만드느라 정신이 없었다. 부품 대금 지불 날짜에 맞추기 위해서 스티브의 누이동생 패티와 친구 댄 코트키까지 동원해서 밤낮으로 열심히 일했다. 드디어 테럴과 약속한 날짜가 돌아왔다. 스티브는 완성된 회로기판을 들고 자신만만하게 바이트숍에 나타났다. 하지만 제품을 받아든 테럴의 반응은 시큰둥했다.

"이건 완제품이 아니지 않나. 나는 고객들이 새로 조립할 필요가 없는 완전한 컴퓨터를 원했는데……."

테럴이 주문한 것은 모니터와 키보드가 달린 그야말로 완전한 컴퓨터였다. 하지만 스티브가 가져온 것은 회로기판의 완제품이었다. '완제품'이라는 표현에 대해 서로 오해가 있었던 것이다. 서툰 실수들이 있었지만 테럴은 스티브에게 약속한 금액을 지불했다. 스티브와 워즈는 수표를 받고 뛸 듯이 기뻤다. 그것은 애플의 첫 매출이었고 애플이 합법적으로 수익을 내는 어엿한 기업이라는 것을 증명하는 것이었다.

확실히 애플Ⅰ은 다른 제품보다 성능이 우수했다. 그해 말 애플은 약 150대의 컴퓨터를 납품할 정도가 되었고 10만 달러에 육박하는 매출을 기록했다. 차고에서 시작한 사업치고는 꽤 괜찮은 출발이었다.

사업이라는 전쟁터에 뛰어든 두 명의 컴퓨터 마니아

자신들의
약점을
보완하다

1976년 여름 첫 거래를 성공적으로 마친 스티브
는 한껏 용기와 희망에 가득찼다. 애플 I 이 이
대로만 꾸준히 수익을 내준다면 애플의 앞날은
거칠 것이 없어 보였다.

그즈음 조용한 해변 휴양지였던 애틀랜틱시티에서는 개인
용 컴퓨터 시대를 예고하는 '제1회 퍼스널 컴퓨터 축제'가 한
창이었다. 각종 최신 컴퓨터 개발품들과 그 제품들을 누구보
다 먼저 보고 싶어 하는 컴퓨터광들이 들뜬 마음으로 대회를
기다리고 있었다.

스티브와 워즈는 그곳에서 테럴 같은 제2의 투자자를 만날 수도 있다는 기대를 가졌고, 희망에 부풀어 애틀랜틱시티로 가는 비행기에 몸을 실었다. 그러나 행사장에 도착해서 제품들을 다 둘러보기도 전에 그런 기대는 물거품처럼 사라졌다. 그곳엔 입이 떡 벌어질 만큼 놀라운 제품들이 즐비했다.

그중에는 금속 케이스로 포장된 매끈한 외관에 플러그만 꽂으면 바로 사용할 수 있는, 그 자체로 완전한 컴퓨터도 있었다. 그에 비하면 자신들이 의기양양하게 가지고 간 애플 I은 너무나 초라했다. 네모난 박스처럼 보이는 초라한 외관에 따로 떼어놓으면 아무 소용도 없는 회로기판에 불과했다.

그뿐만이 아니었다. 부스의 규모도 달랐다. 스티브가 마련한 판매대는 노란색 커튼을 사방으로 친 단출한 부스였다. 그들이 준비한 홍보물이라곤 잡지에 실린 애플 컴퓨터 기사 한 토막이 전부였다. 그에 비해 최신 컴퓨터 회사들은 미니스커트를 입은 아가씨들을 동원해 이목을 집중시켰고, 세련된 복장을 한 엔지니어들이 시연회를 열어가며 제품 홍보에 열을 올리고 있었다.

이제 막 부상하기 시작한 개인용 컴퓨터 시장을 선점하기 위한 경쟁이 벌써부터 치열하게 치러지고 있었다. 스티브는

사업이라는 전쟁터에 뛰어든 두 명의 컴퓨터 마니아

자신이 이제까지 우물 안 개구리였다는 사실을 통감했다. 그러나 그런 충격에 좌절하진 않았다. 주눅들 필요도 없었다. 이것은 기회지 위기가 아니었다. 스티브는 자신의 초라한 처지를 비관하는 대신 앞으로의 사업 방향을 전폭 수정하는 데 열정을 쏟았다. 그러자면 우선적으로 해결해야 할 몇 가지 과제가 있었다. 무엇보다 현재의 회로기판 자체는 상품적으로 가치가 별로 없었다. 애틀랜틱시티에서의 경험은 스티브에게 새로운 목표를 설정하게 했다.

'키보드와 합체된 완전한 컴퓨터를 만들어야야겠어. 여기서 본 제품보다 더 놀랍고 혁신적인 제품 말이야. 소비자들이 원하는 것은 조립할 수 있는 회로기판이 아니라 바로 사용할 수 있는 완전한 컴퓨터야!'

이 깨달음은 애플 II 의 개발에 방향성을 제시했다. 신제품을 개발하자면 우선 충분한 자금을 확보해야 했다. 그러나 자금을 확보해서 세상을 놀라게 할 만한 제품을 만들었다고 해서 그 제품이 곧바로 소비자의 눈에 띄는 것은 아니다. 자신이 만들 새로운 컴퓨터에도 날개를 달아야 한다. 스티브는 그것이 광고라고 생각했다.

머뭇거릴 시간이 없었다. 스티브는 애틀랜틱시티에서 돌

아오자마자 머릿속에 담아온 계획을 착착 진행시켰다. 신제품 개발은 워즈가 전담했다. 그는 스티브가 본 이 분야 최고의 엔지니어였다. 천재였으므로 믿고 맡기면 된다. 그러나 애플에는 광고나 홍보를 책임져 본 사람이 없었다. 그 부분에 대해선 스티브도 아는 바가 없었다. 지금이야 스티브 잡스가 마케팅의 귀재로 명성이 자자하지만 처음부터 그랬던 것은 아니다. 스티브의 판단은 신속했다.

'내가 모르면 잘 아는 사람을 찾아내서 부탁하면 되는 거야. 모든 능력을 혼자 다 갖출 필요는 없어.'

최고의 광고맨을 찾아야 해

어떤 사람의 재능과 소질을 알아보고 적재적소에 배치하는 것이야말로 CEO가 지녀야 할 중요한 덕목 중 하나다. 스티브는 그런 면에서 탁월한 재능을 가지고 있는 사람이었다.

스티브는 홍수처럼 쏟아져 나오는 광고들을 유심히 살폈다. 그중에서 매우 신선하고 기발한 광고들을 발견했다. 제품에 대한 구구절절한 설명보다는 이미지만으로 간결하게 핵심

사업이라는 전쟁터에 뛰어든 두 명의 컴퓨터 마니아

을 파고드는 인상적인 광고였다. 기존의 방식과는 전혀 달랐다. 스티브는 자신이 광고를 만든다면 분명 그렇게 만들 거라고 생각했다.

스티브는 그 획기적인 광고들을 탄생시킨 당사자를 수소문했다. 별로 어려운 일도 아니었다. 그 회사는 반도체 회사인 인텔의 광고를 맡아 선풍을 일으킨 레지스 매키너Regis McKenna 에이전시로 이미 광고계에선 유명했다. 스티브는 목표물을 정하자마자 그 회사로 무작정 전화를 걸었다. 그는 곧바로 매키너와 통화를 하고 싶었지만 신규 고객 담당자였던 프랭크 버지는 그렇게 호락호락하지 않았다. 스티브는 프랭크를 상대로 애플의 현황과 비전을 제시하며 광고를 맡아줄 것을 부탁했다.

"글쎄요, 다른 회사를 알아보는 게 좋을 것 같은데요. 규모에 어울리는 광고 회사가 분명히 있을 겁니다."

태도는 정중했지만 분명한 거절의 뜻이었다. 한마디로 자기네 회사는 이름도 못 들어본 신생 회사를 상대할 만큼 한가하지 않다는 뜻이었다. 깨끗하게 거절을 당했지만 스티브는 물러서지 않았다. 스티브는 하루에 한 번씩 프랭크에게 전화를 걸었다.

"우리 회사에 와서 직접 애플 컴퓨터를 보고 나면 생각이 달라질 거예요."

그러기를 일주일, 프랭크는 스티브의 집요함에 항복하고 제 발로 애플을 찾아갔다. 하지만 애플 컴퓨터를 보고 나서도 역시 퇴짜를 놓고 말았다. 프랭크의 눈에도 스티브는 분명 비범한 청년으로 보였지만 실리콘밸리에는 그런 천재들이 수도 없이 많았다.

한 사람에게 두 번이나 거절을 당했으면 포기할 법도 한데, 스티브는 전혀 포기할 생각이 없었다. 애플을 광고하려면 꼭 레지스 매키너가 필요했다. 차선의 선택 같은 건 스티브의 사전에 없었다. 그는 이제 하루에 서너 번씩 전화를 걸어댔다. 대신 프랭크가 아니라 최종 결정권을 가지고 있는 매키너를 공략했다.

시도 때도 없이 걸려오는 전화 때문에 다른 업무를 보기가 어려워진 매키너의 비서는 어쩔 수 없이 결국 매키너와 전화를 연결시켜 주었다. 매키너는 자신이 직접 스티브를 단념시킬 생각으로 약속 시간을 잡았다.

스티브는 이 기회를 결코 놓칠 수 없었다. 스티브는 애플의 비전과 컴퓨터로 세상을 바꿀 자신의 꿈을 열정적으로 그

려 보이며 매키너의 감성에 호소했다. 매키너는 스티브의 열
정적인 태도에 약간 흔들리긴 했지만 그래도 여전히 광고를
맡아줄 생각은 없었다. 스티브는 마침내 비장의 카드를 꺼내
들었다.

"애플과 계약해주지 않으면 절대 돌아가지 않겠습니다."

막무가내로 떼를 쓴 것이다. 매키너는 그런 스티브의 태도
에 당황했다. 말이 통하는 청년이 아니었다. 마침내 매키너는
스티브의 고집에 무릎을 꺾고 말았다.

스티브가 레지스 매키너 회사를 고집한 것은 애플을 알리
는 데 정말 큰 도움이 되었다. 매키너는 유능한 광고 제작자
였고, 애플의 예비 소비자층을 정확히 꿰뚫어 보았다. 그는
애플의 주 고객을 컴퓨터 애호가에 한정할 것이 아니라 일반
남성 전체로 봐야 한다고 생각했다. 일반 남성 전체를 겨냥한
다면 그에 맞는 광고 매체가 필요했다. 보통 남자들이 가장
선호하는 대중매체라면?

남성지 〈플레이보이〉 이상 가는 것이 없었다. 매키너의 탁
월한 선택에 스티브는 탄성을 질렀다. 그 정도면 충분히 화제
가 되고도 남을 것이라는 감이 왔다. 이제 남은 것은 광고를
만드는 데 필요한 막대한 자금을 해결하는 일이었다.

이제 투자자를 찾을 차례야

스티브는 벤처 투자자를 찾아 나섰다. 하지만 부자들의 지갑은 자물쇠보다 단단해서 쉽게 열리는 법이 없었다. 스티브와 워즈가 한때 일한 적이 있는 아타리와 휴렛패커드에도 자금을 요청해봤지만 난색을 표하긴 마찬가지였다. 스티브는 매키너에게 돈 발렌타인이라는 투자자를 소개받았다. 하지만 그는 애플의 가능성을 알아보는 안목도 없었고 쉽게 투자를 하지도 않는 매우 깐깐한 사람이었다. 스티브는 거기서 포기하지 않고 발렌타인을 통해 몇 명의 벤처 투자자를 더 소개받았다. 그중의 한 사람이 바로 마이크 마쿨라다. 스티브는 다짜고짜 마쿨라에게 전화해 자신들의 차고로 끌어들였다.

마쿨라는 서른네 살에 이미 갑부의 반열에 오른 사람이었다. 그는 1970년대 초 인텔에서 일하면서 다른 직원들의 스톡옵션˚을 사들였는데, 인텔이 주식 시장에 상장되자 하루아침에 엄청난 부를 거머쥔 벼락부자였다. 그는 스티브만큼이나 뛰어난 수완가인데다 자신의 감각과 안목을 시험해보기 위해 위험도 마다하지 않는 모험가 기질을 갖고 있었다.

사업이라는 전쟁터에 뛰어든 두 명의 컴퓨터 마니아

마쿨라는 허름한 차고에서 스티브가 새 기계를 보여주며 하는 설명을 주의 깊게 들었다. 다행히 마쿨라는 실리콘밸리에서 익힌 경험을 토대로 마이크로프로세서의 가능성을 정확히 인식하고 있었다. 스티브에게는 결단력과 비즈니스 감각이 있었고 워즈에게는 천재적인 기술이 있었다. 마쿨라는 애플이 5년 내에 〈포천〉지가 선정하는 500대 기업 안에 들 수 있는 가능성이 있다고 확신했다. 하지만 솔직히 이들의 가능성만을 믿고 거액을 투자한다는 것은 도박과도 같은 일이었다. 그럼에도 불구하고 마쿨라는 애플에 9만 1,000달러를 투자하기로 결정했다. 더불어 25만 달러의 은행대출을 받을 수 있도록 보증도 서주었다. 마쿨라도 스티브처럼 자신의 직관을 믿는 사람이었다. 위험을 감수한 대가로 마쿨라는 스티브, 워즈와 함께 회사 지분을 3분의 1씩 공평하게 나눠 가졌고, 든든한 지원군과 자금력을 갖춘 애플은 탄력을 받아 눈에 띄게 급성장하기 시작했다.

---

*기업에서 회사의 임직원에게 자사의 주식을 낮은 가격에 매입하였다가 나중에 팔 수 있도록 하는 일.

미래의 아이콘을 꿈꾸는 세계 청소년의 롤모델 **스티브 잡스 이야기**

애플의 기업 공개를 통해 젊은 억만장자가 되다

스티브는 스물한 살의 나이에 자본금 1,000달러 만으로 애플을 세웠다. 애초에 그들이 가진 거라 곤 워즈의 기술과 스티브의 야심뿐이었다. 그리 고 4년 뒤, 스물다섯 살의 스티브는 소유재산 2 억 달러가 넘는 재력가로 우뚝 선다. 어떻게 4년 만에 그런 일이 가능했을까? 1970년대 후반의 실리콘밸리에서는 그런 마술 같은 일들이 실제로 벌어지곤 했다. 그리고 스티브의 눈 부신 성공 뒤에는 애플 II 라는 일등공신이 있었다.

1977년 웨스트코스트 컴퓨터 박람회를 앞두고 스티브는

만반의 준비를 갖추었다. 스티브는 6개월 전 퍼스널 컴퓨터 축제에서 느낀 굴욕을 되갚기 위해 벼르고 있었다. 일찌감치 등록을 해서 좋은 자리를 잡았고 부스를 꾸미는 데도 신경을 썼다. 부스 둘레를 검은 장막으로 드리우고 조명이 비치는 유리 간판도 달았다. 마쿨라는 여기에 기꺼이 5,000달러를 쏟아부었다. 우아하고 세련된 부스 안에는 신제품 애플Ⅱ가 관객을 맞을 준비를 하고 있었다. 이제 〈플레이보이〉 광고를 통해 알려진 애플의 존재가 허상이 아니라는 사실을 만천하에 드러낼 순간이었다. 스티브는 숨을 죽였다.

드디어 막이 열리고 박람회장으로 몰려든 관람객들은 예술품처럼 아름다운 애플 컴퓨터에 넋을 잃었다. 안내 직원이 케이스를 열자 사람들은 또 한 번 놀랐다. 62개의 칩과 집적회로들이 메인보드˚ 하나에 연결된 데다 납땜라인까지 깔끔하게 정리되어 있었다. 사실 실용적인 고객들에게 납땜라인은 있어도 그만 없어도 그만이었다. 하지만 스티브는 그런 섬세함이 품질의 차이를 가져온다고 굳게 믿었다. 사람들은 눈에 보이지 않는 곳까지 꼼꼼하게 작업한 애플의 정신을 높이 샀다. 박람회 이후 주문이 속출하기 시작했고 몇 달 만에 애플 II 의 주문은 300대를 돌파했다.

○

사용자를 먼저 생각해야 해

애플 II 는 여러모로 혁신적인 제품이었다. 당시의 컴퓨터는 키보드로 복잡한 명령어를 입력해야만 사용할 수 있었다. 그

˚ 컴퓨터의 기본적인 부품을 장착한 기판.

○ 애플II 앞에서 포즈를 취하고 있는 스티브 잡스. 매끈한 디자인과 사용하기 편한 애플II는 당시 폭발적인 인기를 얻으며 스티브 잡스와 애플 컴퓨터의 이름을 미국인들에게 각인시켰다.

러나 애플Ⅱ는 명령어를 몰라도 누구나 손쉽게 컴퓨터를 사용할 수 있도록 제작되었다. 뿐만 아니라 필요한 부품을 꽂기만 하면 간단하게 성능을 향상시킬 수도 있었다. 모든 면에서 사용자의 입장과 마음을 철저하게 고려한 맞춤 컴퓨터였다.

워즈는 이 모든 기술적인 부분을 혼자서 해냈다. 그러나 그는 제품을 포장해서 상품으로 만들어내는 데는 관심이 없었다. 하지만 스티브는 달랐다. 스티브는 성능도 중요하지만 심플하고 세련된 외관도 중요하다고 생각했다. 그래서 사용자가 알 필요 없는 장치들은 모두 눈에 띄지 않게 감추는 데 신경을 썼다. 스티브의 생각은 사용자들의 요구와 완전히 맞아떨어졌다.

하지만 기술자의 입장에서는 스티브의 요구가 현실화시키기에 늘 벅찼다. 그는 제품을 개발할 때 그것이 현실적으로 가능한지 그렇지 않은지는 전혀 고려하지 않았다. 일단 필요하다고 생각하면 방법은 찾으면 된다고 생각하는 쪽이었다. 그 때문에 기술자들은 스티브의 요구에 난색을 표하기도 했지만 때로 그런 요구들이 기술적인 혁신을 가져오기도 했다. 스티브의 요구를 따르려면 기존에 존재한 적이 없는 새로운 것을 만들어야 했기 때문이다.

한 예로 명상을 즐기던 스티브에게 컴퓨터에서 나는 소음은 여간 거슬리는 게 아니었다.

"컴퓨터 소음을 없애는 방법은 없을까?"

스티브의 말에 모두들 고개를 절레절레 흔들었다.

"소음을 없애려면 컴퓨터 내부의 열을 식히기 위한 장치인 팬을 떼어내야 하는데, 그러자면 아예 전원을 공급하는 방식 자체를 바꿔야 합니다. 그건 불가능해요."

하지만 스티브는 포기하지 않았다. 그는 새로운 전원 장치를 만들어 줄 사람을 수소문했고, 결국 가볍고 열이 적게 나는 스위치식 전원 장치를 만들어내는 데 성공했다. 당시에 그런 전원 전달 방식은 거의 혁명에 가까운 것이었다. 스티브는 자신이 상상했던 소음 없는 컴퓨터를 실현시켰고 이를 재깍 신제품에 반영했다. 애플Ⅱ는 스티브의 이런 까다롭고 기상천외한 요구들을 하나하나 실현시켜 탄생된 것이다.

고객의 입장에서 심혈을 기울여 만든 애플Ⅱ는 날개 돋친 듯 팔려나갔다. 다른 기업들이 애플라이터 Applewriter˚와 같은 애플Ⅱ를 위한 소프트웨어를 개발하면서 판매에 더욱 탄력을 받았다. 게다가 운 좋게도 당시 교육 시장도 애플의 수익을 올려주는 데 한몫했다. 1970년대 말에 미국의 대다수 고등학

미래의 아이콘을 꿈꾸는 세계 청소년의 롤모델 **스티브 잡스 이야기**

교에서 교육 과정으로 컴퓨터 프로그래밍^{**}을 넣었는데, 아이들은 학교에서 배운 것을 써먹어보려고 애플Ⅱ를 사달라고 부모를 졸라댄 것이다.

시대적 요구를 미리 내다보고 발 빠르게 제품을 개발한 애플은 짜릿한 성공을 맛보고 있었다. 세상이 애플을 중심으로 돌아가는 것 같았다.

○

마음속의 전쟁들

사업은 날로 번창하고 있었지만 스티브의 개인사는 그렇게 평화롭지 못했다. 고등학교 때부터 사귀어온 여자 친구 크리스 앤이 아이를 임신한 것이다. 스티브는 아버지가 될 마음의 준비가 되어 있지 않았다. 오랫동안 벼르던 사업은 이제 막 본 궤도에 올라가려는 참이었다. 게다가 그는 이제 고작 스물

---

* 애플Ⅱ에서 구현되는 프로그램으로 문서를 쉽게 작성하고 편집할 수 있는 워드 프로그램.
** 컴퓨터에 부여하는 명령을 만드는 작업.

세 살이었다. 아버지가 되기에는 너무 어렸다. 솔직히 사업이 잘되면 기업 공개도 해야 하는데 결혼을 하지 않은 상태에서 아이를 낳았다는 소문이 나는 것도 두려웠다. 스티브는 크리스 앤의 아이가 자신의 아이가 아니라고 부인했다. 매우 비겁하고 어리석은 행동이었지만, 당시의 스티브는 그 일을 감당할 길이 없었다. 도망가고만 싶었고 현실이 아니기만을 원할 뿐이었다. 부모가 된다는 것은 어떤 이에게는 충만한 기쁨이 될 수도 있지만 그때의 스티브에게는 무섭고 두려운 감정이 먼저였다.

스티브는 이 부분에 대해서 오랜 시간이 지난 후에도 아무런 해명을 하지 않았다. 자기 자신이 아버지 없는 아이로 태어나서 오랫동안 정체성에 대해 고민했으면서, 자기 아이를 똑같은 처지에 놓이게 한 것은 참으로 아이러니한 일이다. 하지만 분명한 것은 자기에게 닥친 일을 성숙하게 받아들이고 책임을 지기에는 스티브가 너무 어렸고 미숙했다는 사실이다. 이유가 어찌되었든 스티브는 크리스 앤이 낳은 아이를 오랫동안 자기 아이로 인정하지 않았다.

그래도 1978년 5월 17일, 어여쁜 딸이 태어났을 때 스티브는 크리스 앤과 잠시 화해했다. 리사Lisa라는 이름을 함께 짓고 양육비도 얼마간 보내주었다. 그러나 곧 변덕을 부려 자신의 아이가 아니라는 입장을 고수했고 결국 법정 싸움으로까지 이어졌다. 친자 확인 테스트까지 거치고 나서야 리사가 스티브의 아이라는 것이 어렵게 증명되었다. 하지만 스티브는 그 사실조차 받아들이려 하지 않았다. 물론 양육비는 매달 지불해야 했다. 이런 이유로 스티브와 크리스 앤의 화해는 아주 많은 시간이 흐른 후에야 이루어졌다.

난처한 개인 상황과는 달리 회사는 날로 발전해갔다. 애플Ⅱ는 여전히 매달 3만 대 이상 팔려나갔고 연매출 1억 달러를 달성하고 있었다. 1980년이 되자 애플은 1,000명 이상의 직원을 둔 기업으로 성장해 있었다. 애플의 놀라운 성장은 월스트리트 기업 분석가들의 집중적인 관심을 받았다.

그해 12월 애플이 기업 공개를 하며 주식을 공모했을 때 공개주식 460만 주가 한 시간 만에 모두 팔리는 초유의 사태가 벌어졌다. 투자자들의 열광에 힘입어 주가는 30배에 가깝게 폭등했다. 애플 창립자이자 애플의 최대 주주인 스티브와 워즈, 마쿨라는 하루아침에 갑부가 되었다. 750만 주의 주식을 보유하고 있던 스티브는 이십대 초반에 2억 1,700만 달러를 소유한 거부가 되었다. 그는 이제 미국에서 가장 젊은 억

사업이라는 전쟁터에 뛰어든 두 명의 컴퓨터 마니아

만장자였다. 하지만 이 주식 판매는 스티브의 괴팍한 성격 때문에 각종 부작용과 잡음이 끊이지 않았다. 그가 직원들에게 스톡옵션을 나눠주면서 몇몇 사람들을 제외시켰던 것이다.

스티브는 직원들을 애플의 발전에 도움이 된 사람과 그렇지 않은 사람으로 나누었는데, 그 기준이 아주 개인적인 것이었다. 혜택에서 제외된 직원 중에는 오랜 친구인 페르난데스를 포함한 초창기 멤버들도 있었다. 보다 못한 워즈가 자신의 주식 8만 주를 그들에게 무상으로 나누어주었다. 스티브는 이마저도 한심하게 여겼다.

스티브는 리사를 자기 아이로 인정하지 않았던 것처럼 이런 일에 이해할 수 없을 만큼 냉정했다. 그는 인정에 휘둘리는 타입이 아니었다. 철저한 실용주의자였고 과정보다는 결과를 높이 평가했다. 도태되는 자는 가차 없이 버렸고 자신을 따르지 않는 자는 처절하게 응징하여 충성심이 무엇인지 일깨워주어야 한다고 생각했다. 반대로 재능이 넘치고 자신에게 충실한 사람에겐 든든하고 전폭적인 지원군이 되어주었다. 이러한 스티브의 비정하고 자기중심적인 성격은 서서히 애플 내부에 분열을 일으키고 있었다.

5장

컴퓨터로
세상을 바꿔
보겠다는 꿈

회사는 엄청나게 커졌으나 훌륭한 CEO가 되지 못하다

1980년에 애플의 판매고는 다시 두 배로 뛰어올랐다. 애플 컴퓨터는 사실상 경쟁 상대가 없었다. 하지만 회사가 날로 번창해도 스티브는 뭔가 부족함을 느꼈다. 애플 II 는 온전히 워즈가 만든 컴퓨터였지 자신의 작품이 아니었다. 모든 사람들이 '스티브의 컴퓨터'라고 할 만한 그런 컴퓨터를 만들고 싶었다. 워즈만이 애플의 유일한 컴퓨터 천재가 아니고, 자기도 얼마든지 굉장한 컴퓨터를 만들 수 있다는 것을 증명하고 싶었던 것이다.

그런 사정에는 애플 내의 권력 관계도 한몫했다. 회사가 커지자 마쿨라는 스티브에게 경영에 관한 어떤 권한도 맡기지 않았다. 직원들은 스티브가 아니라 마쿨라가 영입한 경영진이었던 스콧이나 마콜라의 지시를 받았다. 스티브는 그런 마쿨라의 처사에 억울함을 느꼈다. 워즈와 함께 회사를 세운 건 자긴데, 회사에 실질적인 영향력을 행사할 수 없다는 것이 너무 못마땅했다. 그가 회사에서 존재를 증명할 수 있는 방법은 단 하나, 애플Ⅱ를 훨씬 능가하는 혁명적인 컴퓨터를 개발하는 것뿐이었다.

스티브는 자기 외에는 아무도 꿈꾸지 못할 새로운 컴퓨터를 만들겠다는 야심에 불타올랐다. 자신의 새로운 컴퓨터는 정교한 휴렛패커드 시스템을 모델로 하는 고가의 사무용 컴퓨터가 될 것이라 굳게 믿었다. 컴퓨터에는 딸 이름 리사LISA를 붙일 작정이었다. 오랫동안 자기 아이로 받아들이기를 거부했던 딸에 대한 뒤늦은 보상 심리였던 건지도 모른다.

첨단 컴퓨터 연구의 요람인 '제록스 팰러앨토 연구센터PARC *'를 방문한 것도 리사 프로젝트를 진행하게 된 큰 계기였다. 이 연구소는 당시 컴퓨터 관계자라면 누구나 경외하는 곳으로 미국에서 컴퓨터 관련 기술을 가장 많이 보유한 연구소로 유명했다.

스티브는 이 연구소에서 개인용 컴퓨터의 역사를 바꿀 기술을 보았다. 바로 지금 우리가 사용하는 방식, 마우스로 화면의 그림을 클릭해서 프로그램을 실행하는 장치를 보게 된 것이다. 스티브는 그 순간 머지않아 세상의 모든 컴퓨터가 이런 방식으로 작동하게 되리라는 것을 간파했다.

많은 사람들이 성공하기 위해서는 남보다 뛰어난 기술을 갖고 있어야 할 것이다. 하지만 기술보다 중요한 것은 뛰어난 안목이다. 당시 가장 뛰어난 컴퓨터 기술은 PARC에 있었다. 하지만 PARC는 당시의 수많은 미국인들이 그랬듯이 개인용 컴퓨터에는 별로 관심이 없었다. 뛰어난 기술을 가지고 있었으면서도 그것을 상업적으로 이용하진 않았다. 하지만 스티브는 앞으로의 시대가 원하는 것을 동물적인 감각으로 알아차렸고 그것을 재빠르게 제품에 적용시킬 줄 아는 사람이었다.

PARC에서 얻은 영감은 곧 리사 프로젝트로 이어졌다.

"우주에 충격을 줍시다. 정말 대단한 작품을 만들어 우주

---

* 미국 캘리포니아 주 팰러앨토에 있는 연구 개발 회사로 1970년 설립되어 2002년 제록스의 자회사로 분리됐다. 레이저 프린터, 그래픽 사용자 인터페이스(GUI) 개념, 객체 지향 프로그래밍, 유비쿼터스 컴퓨팅, VLSI 기술 등을 개발했다.

컴퓨터로 세상을 바꿔보겠다는 꿈

● 스티브가 진두지휘한 프로젝트의 완성품이자 스티브의 입지를 불안하게 만든 리사 컴퓨터(왼). 오른쪽에 있는 것은 스티브의 두 번째 프로젝트였던 매킨토시.

를 뒤흔들어 놓읍시다!"

이것이 스티브가 항상 팀에 한 말이었고, 밤낮으로 열심인 엔지니어들은 이 말에 한껏 고무되어 작업에 박차를 가했다. 하지만 일반인이 쓸 수 있는 최고의 컴퓨터를 만드는 것은 쉬운 일이 아니었다. 리사 프로젝트가 완벽하길 바란 스티브의 완벽주의 때문에 리사 팀원들은 일주일에 90시간씩 강도 높게 일하며 스티브의 완벽주의에 희생되어야 했다.

그리고 드디어 1983년에 리사가 시장에 데뷔했다. 리사는 스티브의 스타일 감각을 반영하듯 날렵하고 맵시 있는 외모를 자랑했다. 하지만 스티브의 과도한 열정이 결과적으론 오히려 리사에게 독이 되었다. 너무 완벽한 컴퓨터를 만들려다 보니 리사의 가격이 천문학적인 수준으로 치솟았던 것이다. 원래 리사는 2,000달러 수준에서 개발될 예정이었다. 그런데 고급 하드웨어와 소프트웨어를 주렁주렁 끼워 넣다 보니 나중에는 9,999달러라는 금액이 책정되었고 무게도 거의 23킬로그램이나 나가는 무거운 컴퓨터가 되어버렸다. 아무리 컴퓨터가 마음에 들어도 이 정도 가격으로 개인용 컴퓨터를 구매할 사람은 없었다.

펩시의 CEO 존 스컬리를 끌어들이고

야심차게 리사를 출시한 스티브는 1년 내에 5만 대를 팔 것이라는 기대에 부풀어 있었다. 그러나 결과는 절망적이었다. 리사는 기대 이하의 판매고에 그쳤고, 애플은 눈물을 머금고 2년 만에 리사에서 완전히 손을 떼야 했다.

게다가 애플Ⅲ와 리사 프로젝트가 망하는 바람에 애플사에도 큰 위기가 찾아왔다. 애플은 회사를 다시 일으켜 세울

컴퓨터로 세상을 바꿔보겠다는 꿈

리더가 필요했다. 그때 스티브의 눈에 들어온 인물은 펩시의 최연소 사장 존 스컬리였다. 스컬리는 청량음료계의 최대 라이벌 회사인 코카콜라를 직접 겨냥한 마케팅 캠페인을 주도한 인물이다. 상표를 가리고 제품을 선택하게 하는 테스트를 했더니 소비자들이 코카콜라보다 펩시콜라를 더 많이 선택했다는 내용의 광고를 내보낸 것이다. 이 광고는 세목의 이목을 스컬리와 펩시로 집중시켰다.

스티브가 처음 애플의 리더 자리를 제안했을 때 존 스컬리는 망설일 수밖에 없었다. 스컬리는 컴퓨터에 대해서 전혀 아는 것이 없었다. 하지만 적도 자기편으로 끌어들이는 탁월한 설득력을 가진 스티브가 순순히 물러설 리도 없었다. 스티브는 망설이는 스컬리를 도전적인 눈빛으로 노려보며 이렇게 말했다.

"사장님은 진짜 중요한 일을 할 수 있는 기회가 찾아왔는데, 기껏 애들한테 설탕물이나 팔면서 인생을 낭비할 생각이십니까?"

기업가라면 누구나 세상을 놀라게 할 만한 멋진 회사를 만들어보고 싶은 꿈이 있는 법이다. 스컬리는 스티브의 도전적인 발언에 자극을 받았고 마침내 애플의 사장이 되기로 결심했다. 스티브는 스컬리에게 백만 달러의 연봉과 백만 달러의 보너스, 그리고 백만 달러의 스톡옵션을 약속했다. 1983년 봄에 스컬리는 사장 임무를 공식적으로 수락하면서 이렇게 말했다.

"제가 애플에 온 이유는 오로지 스티브와 함께 일하기 위해서입니다. 저는 스티브 잡스야말로 지금 시대에 이 나라를 위해 진정 중요한 역할을 할 인물이라고 생각합니다."

사실 스티브가 애플사 사장으로 스컬리를 적극 추천한 데는 나름의 계산도 있었다. 스컬리가 컴퓨터에 대해 잘 모르기 때문에 스컬리가 사장이 되면 자기가 애플사의 실질적인 의사결정권자가 될 수 있으리라고 계산한 것이다. 하지만 아직 20대 청년에 불과했던 스티브는 비즈니스맨의 치밀한 본능을 잘 알지 못했다.

산전수전 다 겪은 노련한 스컬리는 스티브의 꼭두각시 노릇을 할 생각이 전혀 없었다. 게다가 취임 이후 내부에서 살펴본 애플의 모습은 밖에서 보는 것과 달리 한심한 수준이었다. 그의 눈에 비친 애플은 곧 가라앉을 배였다. 함께 가라앉지 않기 위해서라도 스컬리는 애플의 주도권을 잡아야 했다.

컴퓨터로 세상을 바꿔보겠다는 꿈

골리앗 IBM과
싸우는
다윗

스티브 잡스는 리사 프로젝트 때부터 무리한 진
행을 하는 바람에 회사 이사진과 내분을 일으켰
다. 결국 1980년 늦여름에 스콧은 마쿨라와 함
께 비밀리에 애플 조직 개편에 들어갔고, 스티브
는 리사 프로젝트에서 손을 떼어야 했다. 애플Ⅱ를 능가하는
자기만의 컴퓨터를 선보이겠다는 스티브의 계획은 이렇게 좌
절되었다.

　리사 프로젝트에서 손을 떼고 나서 스티브의 눈에 들어온
것이 바로 매킨토시 팀이다. 스티브는 리사 프로젝트를 더 이

상 진행할 수 없다면 리사에서 구현하려고 했던 환상적인 기능을 매킨토시에 접목시켜야겠다고 생각했다.

당시 리사와 함께 진행된 매킨토시 프로젝트는 초창기 애플 직원이었던 제프 래스킨이 제안한 것이었다. 그는 보통 사람들을 위한 최적의 컴퓨터를 만들고 싶어 했다. 래스킨이 구상한 컴퓨터는 가볍고 가격도 저렴하면서 사용자들이 쉽게 쓸 수 있는 컴퓨터였다. 그는 이 컴퓨터에 매킨토시Macintosh*라는 이름을 붙였다. 이 이름은 인기 있는 사과 품종의 하나인 매킨토시McIntosh의 철자를 잘못 쓴 것인데, 나중에는 매킨토시 컴퓨터가 사과 품종보다 더 유명해져서 사람들이 사과 이름을 종종 틀리게 적는 해프닝이 일어나기도 했다.

어쨌든 개발 초기의 매킨토시는 스티브에게 천대받는 프로젝트였다. 당시 스티브는 더 멋지고 더 많은 기능을 보유한, 세상을 깜짝 놀라게 할 만한 최고급 기업용 컴퓨터를 만드는 일에 열중해 있었다. 그런 스티브에게 일반인을 위한 저렴한 보통 컴퓨터라는 매킨토시의 콘셉트는 눈에 들어오지도

---

* 1994년에 애플 컴퓨터가 발표한 사용이 쉬운 개인용 컴퓨터로 맥MAC이라고도 부른다.

컴퓨터로 세상을 바꿔보겠다는 꿈

않았다.

래스킨이 중역회의에서 "300달러 정도의 저렴한 가격에 팔 수 있는 가정용 컴퓨터를 개발하면 시장에서 높은 이윤을 올릴 수 있을 겁니다."라고 보고하면 스티브는 "절대 안 돼! 이 프로젝트는 성공하지 못할 거야!"라고 래스킨의 의견을 정면으로 반박했다. 그러나 리사와 애플Ⅲ가 시장에서 철저하게 외면받자 사정이 달라졌다. 스티브는 래스킨을 밀어낸 후 매킨토시 팀을 접수했고 리사 팀에서 했던 것처럼 매킨토시 팀을 몰아붙이기 시작했다.

스티브는 3년 계획이었던 매킨토시 컴퓨터의 개발 일정을 1년 반으로 앞당겼다. 그리고 일주일에 100시간 이상을 일하도록 팀원들을 밀어붙였다. 신기한 것은 이렇게 밀어붙였는데도 팀원들이 불만을 늘어놓거나 회사를 그만두지 않고 열심히 일했다는 것이다. 스티브가 무리한 요구를 하기는 했지만 동시에 팀원들의 가슴에 사명감을 불어넣었기 때문에 가능한 일이었다.

실제로 스티브는 프로젝트를 진행할 때마다 "우주에 영향을 미칠 중요한 컴퓨터를 만들자!"고 팀원들을 독려했다. 터무니없이 무모한 목표였지만 인생을 즐기지 못하고 연구실에 틀어박혀 일만 하는 엔지니어들에게 그 말은 더할 수 없는 용기와 사명감을 심어주었다.

●

우리는 세상을 바꾸기 위해 일하는 거야

스티브의 목표는 대단히 강렬하고 확고해서 주변 사람들까지 전염시키는 힘이 있었다. 그가 무엇을 하겠다고 하면 그 앞에 놓여 있는 장애물이나 문제점은 그때부터 아무것도 아닌 것처럼 느껴질 정도였다.

스티브는 심지어 매킨토시 팀을 해적단이라고 생각했다. 그들은 매킨토시 팀 건물 꼭대기에 해골 깃발을 내걸었고, '해적이 되자'라고 적힌 티셔츠를 입고 다녔다. 매킨토시 팀원들은 나중에 그때 일을 이렇게 회상했다.

"우린 돈 때문에 일한 것이 아니다. 우리는 세상을 바꾸기 위해 일했다."

이처럼 매킨토시를 원래 목표대로 시판하겠다는 스티브의 결심은 확고했다.

"누가 더 빨리 출고하게 될지 리사 프로젝트 책임자와

5,000달러 내기를 했어. 그러니 최대한 빨리 만들라구."

스티브는 이런 말로 매킨토시 팀을 다그쳤다. 안 그래도 정신없는 매킨토시 팀은 스티브의 호언장담을 실현시키기 위해 더 정신없이 일해야 했다. 하지만 매킨토시 프로젝트 또한 여러 가지 난관에 부딪쳐 계속 지연됐다.

스티브는 중대한 결정을 내려야 할 때가 왔다고 판단했다. 매킨토시의 소프트웨어를 사내에서 개발하는 대신 외주 제작을 주기로 한 것이다. 순발력 있게 소프트웨어를 만들어줄 사람을 찾다 보니 마이크로소프트의 빌 게이츠가 떠올랐다. 당시에 마이크로소프트는 애플보다 작은 회사였지만 언제 치고 올라올지 모를 애플의 경쟁사였다. 하지만 스티브는 필요하다면 적과도 동업을 할 수 있을 만큼 패기가 넘치는 사람이었다.

당시에 마이크로소프트가 개발하고 있던 제품은 프로그래밍 언어 BASIC이었다. BASIC의 가장 성공적인 플랫폼*이 애플Ⅱ였기에, 애플Ⅱ가 시장을 지배하게 되자 마이크로소프트의 수익도 함께 급증했다.

---

*어떤 작업 또는 기술 구현이 이루어질 수 있는 환경을 의미한다.

애플의 가장 큰 경쟁 상대인 IBM도 마이크로소프트에 새로운 퍼스널 컴퓨터에 필요한 소프트웨어 제작을 의뢰한 상태였다. IBM이 의뢰한 작업은 시스템 관리 소프트웨어를 개발하는 일이었다. 중요하긴 하지만 개발자 입장에서는 그다지 매력이지 않은 프로젝트였다.

◉

빌 게이츠에게 프레젠테이션을

스티브는 주저하지 않고 바로 마이크로소프트 본사로 찾아갔다. 빌 게이츠와 폴 앨런을 만나자마자 스티브는 특유의 유려한 화술로 매킨토시의 저렴한 가격, 간편함, 마우스 등 장점을 설명하기 시작했다.

"앞으로 퍼스널 컴퓨터 시장을 어떻게 보고 계십니까?"

빌 게이츠가 스티브에게 물었다.

"물론 아주 낙관적이라고 생각합니다. 우리는 이 시장의 주요 고객을 교육 수준이 높고 진보적인 성향을 가진 중산층과 대학생, 회사 중간 간부나 비서들로 보고 있어요. 컴퓨터는 이들에게 정서적인 애착의 산물이죠."

스티브는 자신만만하게 말했다. 하지만 빌 게이츠는 스티브의 답변에 다소 흥미가 떨어진 듯했다.

"그런가요? 우리는 컴퓨터가 실용적인 비즈니스 도구가 되리라고 예상하고 있습니다만……."

빌 게이츠는 당시 소프트웨어를 개발하고 있던 IBM의 중도적인 견해에 동조된 상태였다. 그러니 세상을 놀라게 할 최고의 컴퓨터를 만드는 데 온통 정신이 팔려 있는 스티브의 다소 무모한 접근에 동조하기가 어려웠다. 스티브는 상황을 간파하고 순발력 있게 말했다.

"아직 제 말뜻을 제대로 이해하지 못했군요. 사실 매킨토시의 정수는 말로 다 표현할 수 없습니다. 우리 연구실에 와서 매킨토시가 얼마나 대단한 컴퓨터인지 직접 한번 보시죠. 백문이 불여일견이라고 하지 않습니까?"

매킨토시 프로젝트를 진행하는 스티브 입장에서는 어떻게든 빌 게이츠를 끌어들여야 했다. 사실 빌 게이츠 입장에서도 애플에서 나올 예정인 리사와 매킨토시가 얼마나 대단한 물건인지 궁금하기는 했다. 그래서 애플 연구소에 들러 스티브가 만들고 있는 컴퓨터를 직접 확인했다.

경쟁은 언제나 흥미진진한 것

빌 게이츠는 애플이 아주 매력적인 제품을 만들고 있다는 사실을 인정했고, 결국 마이크로소프트는 매킨토시의 주요 프로그램을 만드는 데 회사의 총력을 기울이기로 결정했다.

그해 여름에 드디어 IBM에서 획기적인 퍼스널 컴퓨터가 출시됐다. 아직 제품 개발 단계에 있던 매킨토시 팀은 긴장하지 않을 수 없었다. 매킨토시 팀은 발 빠르게 IBM PC를 사와서 조심스럽게 분해해 보았다. 그러고는 안심했다. IBM PC는 매킨토시 팀원 모두가 예상하고 있던 그런 컴퓨터에 지나지 않았다. 덩치는 크고 투박할 뿐 아니라 새로운 기술도 없었고 사용법도 배우기 어려웠다. 애플 직원들이 보기에는 리사나 매킨토시보다 한참 뒤떨어져 보였다.

애플은 자신감이 넘쳤다. 그래서 IBM을 겨냥해 꽤나 자신만만한 신문광고를 내기도 했다.

"IBM을 환영합니다. 이제 우리는 귀사와 더불어 미국 컴퓨터 기술을 전 세계에 보급하는 책임 있는 경쟁을 하기를 기대합니다."

파격적인 내용이었다. 당시에 애플은 IBM의 10분의 1밖에 안 되는 작은 회사였다. 그런 회사가 IBM과 동등하게 경쟁하겠다고 광고를 한 것이니 IBM 입장에서는 꽤나 발칙한 광고였을 것이다. 말하자면 15년 전부터 업계를 장악하고 있던 IBM이라는 골리앗에 애플이 도전장을 내민 것이다.

어쨌든 IBM의 퍼스널 컴퓨터 출시는 애플에도 상당히 긍정적인 영향을 미쳤다. 이제 곧 퍼스널 컴퓨터 시장이 도래할 것이고, 애플은 IBM의 유일한 경쟁사로서 브랜드 가치를 엄청나게 높일 수 있었다. 1981년에는 애플이라는 이름이 미국 전역에 널리 알려지게 되었다. 연초만 해도 열 명 중 한 명의 미국인만이 애플이 뭐하는 회사인지 알았는데, 연말에는 미국인 80퍼센트가 애플을 알 만큼 회사 인지도가 급상승했다. 보수적인 색채가 뚜렷한 IBM과 달리 애플은 자유주의적인 분위기에 젖어 있는 젊은 기업이었다. 애플은 이제 오래된 강자에 맞서는 젊은 약자라는 이미지를 굳힐 수 있었다.

스티브는 이런 경쟁을 본능적으로 좋아했다. 그는 이런 경쟁을 단순히 업계의 선두 쟁탈전으로 보는 것이 아니라 세상을 구하는 싸움으로 봤다. 마치 스스로를 IBM이라는 골리앗과 싸우는 다윗쯤으로 여긴 것 같다. 그는 이렇게 선언했다.

"이제 애플과 IBM의 싸움이 시작됐습니다. 만약 우리가 실수를 해서 IBM이 승리하게 된다면, 앞으로 20년간 컴퓨터의 암흑시대가 도래할 것입니다. 컴퓨터 본체를 봐서 아시겠지만 IBM이 시장을 장악한 15년 동안 컴퓨터 제품에 전혀 혁신이 이루어지지 않았습니다. IBM은 컴퓨터 산업에 새로운 기술을 도입한 적이 없습니다. 그저 애플 II에 포장만 새로 했을 뿐이죠. 앞으로 IBM이 계속 시장을 장악한다면 더 이상 혁신은 없을 것입니다."

이러한 컴퓨터 업계의 외부 상황은 리사와 매킨토시 팀을 한층 더 분발하게 했다. 하루라도 빨리 세상을 놀라게 할 새로운 컴퓨터를 만들어서 IBM 컴퓨터가 얼마나 고리타분한지, 애플이 만들고 있는 컴퓨터가 얼마나 대단한지 보여주고 싶어서 안달이 났다. 물론 결과는 뜻대로 되지 않았지만 말이다.

컴퓨터로 세상을 바꿔보겠다는 꿈

자기가 만든 회사
애플에서
쫓겨나다

매킨토시 프로젝트가 마무리 단계에 들어가면서
일반인들의 기대가 점점 고조되기 시작했다. 신
문과 잡지도 새로 출시될 애플의 신형 컴퓨터에
대한 기대를 한껏 부추겼다. 스티브는 매킨토시
가 2년 내에 200만 대는 팔릴 거라고 호언장담했다.

애플은 미국인들이 가장 좋아하는 슈퍼볼 경기 기간에 거
액을 들여 공격적인 광고를 내보냈다. 광고는 조지 오웰의
〈1984〉를 본 따서 만들었다. 경쟁사인 IBM이 소설 속에 등장
하는 독재자 빅브라더로 설정되었고, 매킨토시 티셔츠를 입

은 젊은 여자가 빅브라더 동상을 쇠망치로 산산조각 내는 파격적인 장면을 담았다. 매킨토시가 IBM에 잠식당한 세상을 해방시킬 것이라는 메시지였다.

이 혁신적인 광고는 그 자체로 뉴스거리가 되었고 매킨토시에 대한 기대를 미국 전역으로 퍼뜨리기에 충분했다. 미국의 거의 모든 주요 방송사들이 앞다퉈 매킨토시 출시를 주요 뉴스로 다뤘다. 이 새로운 컴퓨터가 1984년 1월 24일 전자 제품 매장에 등장하자 전국적으로 주문이 폭주했다.

매킨토시의 성공적인 등장은 스티브의 권위에 큰 힘을 실어주는 듯했다. 과거에 스콧과 마쿨라에게 보고하던 사람들이 모두 스티브와 이야기하고 싶어 했다. 하지만 초기의 반짝 열풍이 꺼지고 나자 매킨토시의 실체가 드러났다. 매킨토시는 IBM PC보다 값이 비쌌으며, 사용할 수 있는 응용프로그램이 거의 없어서 애플 팬들조차 구매를 주저했다. 결국 매킨토시의 월매출은 기대에 한참 못 미쳤다.

애플의 간부들은 이 실망스러운 결과를 도대체 어떻게 받아들여야 할지 당혹스러워했다. 그들은 스티브 잡스의 말만 믿고 회사의 사활을 매킨토시에 걸었다. 그런데 그게 엄청난 실수였다는 것이 서서히 드러난 것이다.

　　컴퓨터로 세상을 바꿔보겠다는 꿈

● 1984년 1월 애플사의 야심찬 프로젝트였던 매킨토시가 드디어 공개되었다. 당시 애플의 CEO 존
스컬리(오른쪽)와 스티브 잡스. 이 새로운 컴퓨터는 공개 당시 폭발적인 인기를 끌었다.

떠날거야, 마음을 비웠어

스티브의 입지는 점점 줄어들었다. 애플의 모든 수익은 매킨토시가 아니라 애플Ⅱ에서 나오고 있었다. 그러나 스티브는 아직도 상황 파악을 제대로 하지 못하고 있었다. 애플의 상황은 점점 심각해졌다.

1985년 매킨토시의 판매가 기대치를 한참 밑도는 가운데 스티브는 애플 컴퓨터를 완전히 장악하기 위한 작전에 들어갔다. 그는 먼저 자신이 영입했던 존 스컬리가 무능하다고 이사진에 보고했다. 그리고 회사를 살릴 인물은 오로지 자기밖에 없다고 주장했다. 하지만 아무리 뛰어난 언변과 카리스마를 가지고 있는 스티브라도 대세를 거스를 수는 없었다. 이사진은 무엇보다 스티브의 독선적인 경영 방식이 회사에 분열을 조장하고 있다고 판단했다. 물론 리사와 매킨토시의 실패도 스티브의 책임이라고 느끼는 사람들이 많았다. 스티브는 스컬리를 쫓아내고 회사의 경영권을 쥐기 위해 백방으로 노력했지만 이번만은 어쩔 수 없었다.

1985년 5월 28일 존 스컬리는 스티브에게 전화를 걸었다.

　컴퓨터로 세상을 바꿔보겠다는 꿈

"모든 게 끝났네, 스티브. 나는 곧 조직 개편을 단행할 걸세. 이사회 투표를 거쳐 자네를 끌어내릴 거야. 자네가 회사에 남는 것은 상관없네만, 더 이상 어떤 부서의 책임도 맡기지 않을 걸세."

스티브는 할 말을 잃었다. 두 젊은이가 차고에서 시작한 작은 회사는 10년도 채 되지 않아서 미국 내 가장 큰 기업 중 하나로 성장했다. 그 덕에 그는 갑부가 되었고 유명세도 탔다. 스티브 잡스는 명실공히 실리콘밸리의 상징이었다. 그런데 지금 자기 손으로 세운 회사가 자기를 밀어내고 있는 것이다. 모든 것을 바친 회사에서 밀려나는 것은 너무나 고통스러운 일이었다.

스티브는 며칠 동안 집안에 틀어박혀 자기에게 일어난 일을 이해하려고 애썼다. 그리고 결국 그는 회사로 돌아갔다. 이번에는 겸허한 마음으로 회사의 뜻을 받아들이기로 결심했다. 스컬리는 스티브에게 '제품 창안자'라는 이상한 직함을 주었다. 하지만 그에겐 직함만 있을 뿐 일은 주어지지 않았다.

스티브는 새로운 사무실에 출근했다. 사무실은 애플 건물과 한참 떨어져 있는 길 건너편의 작은 건물에 있었다. 스티브는 이 사무실을 '시베리아'라고 불렀다. 노골적인 모욕에도

미래의 아이콘을 꿈꾸는 세계 청소년의 롤모델 **스티브 잡스 이야기**

불구하고 스티브는 의연함을 잃지 않으려고 노력했다. 그리고 회사를 위한 일이라면 무슨 일이라도 하려고 했다. 하지만 매일 출근해서 한두 건의 전화를 하고 나면 할 일이 없었다. 더 이상 기업 경영 보고서도 받아볼 수 없었다. 그리곤 사무실에 두어 시간 앉아 있다가 풀이 죽어 집으로 돌아오곤 했다. 실리콘밸리에 혜성 같이 나타난 젊고 유능한 사업가는 전에는 결코 겪어보지 못한 우울한 시절을 감당해야 했다.

그렇게 시간이 흘렀고 스티브는 더 이상 애플 컴퓨터에 자신이 있을 곳이 없다는 사실을 받아들여야 했다. 하지만 그는 이제 겨우 서른 살이었고 평생 쓰고도 남을 돈이 있었다. 이렇게 업계에서 조용히 은퇴하기에는 너무 젊었다. 다시 뭔가 새로운 것을 시도해야 했다. 그는 갖고 있던 애플 주식을 딱 한 주만 남겨두고 모두 처분해 엄청난 양의 현금을 확보했다. 그리고 남은 일생 동안 무엇을 할 것인지 충분한 시간을 두고 생각했다. 무엇보다 자신의 모든 열정을 바쳐서 할 수 있는 일이어야 했고, 그 일로 인해서 행복을 느낄 수 있어야 했다.

처음에는 나사의 우주왕복선에 탑승해볼까 하는 생각도 했다. 하지만 그것은 쉽지 않은 일이었다. 정치에 입문해볼까도 생각했지만 선출직 공무원은 그의 적성에 맞지 않았다. 결

　　컴퓨터로 세상을 바꿔보겠다는 꿈

국 오랜 고민 끝에 그는 자신이 가장 잘할 수 있는 일은 새롭고 혁신적인 제품을 만드는 일이라는 결론을 내렸다. 애플Ⅱ나 매킨토시를 만들 때 그랬던 것처럼 뛰어난 인재들을 찾아내서 그들과 함께 멋진 물건을 만드는 것, 그것이 그가 가장 즐겁고 잘할 수 있는 일이라는 것을 비로소 깨달은 것이다.

1985년 9월 스티브는 애플에 공식 사직서를 제출했다. 그는 애플의 창업자이자 늘 혁신을 꿈꾸는 몽상가였고 미국의 신화적인 인물이었다. 퍼스널 컴퓨터의 열정적인 전도사로 10년 동안 앞만 보고 달려온 그가 이제 자기가 세운 회사에 사직서를 제출한 것이다. 그는 이사들에게 회사에 악의를 품고 있지 않으며, 새 회사를 설립하려고 한다고 밝혔다. 애플의 직원 몇 명을 데려갈 예정이지만 자기 회사가 애플과 경쟁하지는 않을 거라는 약속도 했다.

이사진은 잡스에게 애플의 이사로 계속 남아 있으라고 권하고, 그가 시작하는 사업의 지분 10퍼센트를 사겠다는 제안도 했지만 스티브는 모두 거절했다.

스티브는 애플과 깨끗이 단절되기를 원했다.

미래의 아이콘을 꿈꾸는 세계 청소년의 롤모델 **스티브 잡스 이야기**

6장

회사를 잃었다고
꿈조차
잃을 순 없다

넥스트라는
작은 왕국을
건설하다

애플은 스티브가 이십 대를 온전히 바쳐 일구어
낸 작은 우주였다. 그런 애플이 어느 날 자신이
통제할 수 없을 만큼 거대한 기업이 되어 있었
다. 심지어 이제 더 이상 애플엔 그가 설 자리가
없었다. 우주의 중심이었던 스티브는 어느새 변방으로 밀려
나 아무도 알아주지 않는 골칫거리가 되었다.

애플을 떠난다는 것은 명백한 실패를 의미했다. 스티브로
서는 난생 처음 맛보는 실패다. 스무 살에 애플 컴퓨터를 창
업해서 벼락성공을 한 이후로 스티브는 실패를 모르는 실리

콘밸리의 젊은 기업가였다. 그러나 그는 이 위기 앞에서 의연하려고 노력했다.

스티브는 승승장구 성공을 연달아 했을 때가 아니라 커다란 위기를 맞았을 때 어떤 태도를 취하느냐에 따라 운명이 달라질 수 있다고 믿었다. 또 과거와 신속하고 완벽하게 결별하는 것만이 새로운 출발을 위한 준비라고 생각했다. 지난 일에 미련을 두거나 상처를 끌어안고 오랫동안 속상해하는 것은 그의 체질에 맞지 않았다.

마음을 다잡은 스티브는 차고에서 애플을 처음 만든 스무 살의 그날처럼 밑바닥부터 다시 시작하기로 결심했다. 하루는 날을 잡아 지난 10년 동안 자신이 이룬 것들 중에 가장 자랑스러운 것이 무엇인지 종이에 적어 내려갔다. 두말할 것도 없이 애플Ⅱ와 매킨토시를 만든 것이었다. 그리고 또 한 가지가 있었다. 바로 교육 분야에 영향을 미친 것이다.

퍼스널 컴퓨터를 만들기 시작했을 때 그는 미국의 모든 학

---

* 생물의 물질 조성 등을 화학적인 방법으로 연구하는 화학의 한 분야다. 생물화학이라고도 부른다.
** 유전자를 특수한 효소를 이용하여 절단·연결하기도 하며, 그것을 세포 내에서 그 수를 늘이는 기술.

교에 컴퓨터를 보급하겠다는 꿈을 꾸었고, 실제로 캘리포니아의 모든 학교에 컴퓨터가 보급되었다. 그 사실을 떠올리자 가슴이 뜨거워졌다. 스티브는 자신을 들뜨게 하는 컴퓨터와 교육, 이 두 가지를 통합시키는 사업 아이템을 찾고 싶었다. 그러나 아직 구체적인 방안은 떠오르지 않았다.

스티브는 매일 도서관에 출근하다시피 하면서 새로운 관심사에 눈을 돌렸다. 새롭게 부상하고 있는 생화학˚과 유전자 변형 기술˚˚에도 관심을 가졌다. 그는 언제나 시대가 요구하는 다양한 분야를 이해하고 싶어 했다. 스티브는 이때의 경험을 나중에 이렇게 회고했다.

"그때는 몰랐지만 애플에서 해고당한 것은 제 인생 최고의 사건이었습니다. 애플에서 나오면서 성공에 대한 중압감을 다시 시작할 수 있다는 가벼움으로 대체할 수 있었죠. 그 시기는 내 인생에서 가장 창조적인 시간이었습니다. 애플에서 쫓겨난 경험은 매우 쓴 약이었지만 어떤 면에서 환자였던 제게는 정말로 필요한 약이었죠."

회사를 잃었다고 꿈조차 잃을 순 없다

컴퓨터와 교육을 하나로

오랜 고민 끝에 그는 한 가지 가능성을 보았고, 그 가능성을 타진해보기로 했다. 그래서 언젠가 만찬에서 만난 적이 있는 노벨상 수상자인 생화학자 폴 버그와 약속을 잡았다. 폴 버그는 유전자 복구 실험이 어떻게 이루어지는지 스티브에게 차분히 설명해주었다. 유전자 실험은 생각보다 꽤 복잡한 것이었다. 스티브는 자신의 전문 분야와 전혀 동떨어진 얘기를 들으면서 기발한 아이디어를 떠올렸다. 사실 그는 여전히 컴퓨터라는 기계가 세상에 어떤 영향력을 미칠 수 있을지에 관심이 많았다.

"실험을 하고 결과를 얻는 데 일주일 이상이 걸린다고요? 컴퓨터로 시뮬레이션˚ 작업을 하면 그보다는 빨리 결과를 얻을 수 있지 않을까요."

스티브가 폴 버그에게 말했다. 하지만 이 생화학자는 젊은

˚ 복잡한 문제를 해석하기 위해 실제와 비슷한 상태로 해보는 모의실험.

미래의 아이콘을 꿈꾸는 세계 청소년의 롤모델 **스티브 잡스 이야기**

사업가의 제안이 현실적으로 실현이 어렵다고 생각했다.

"그런 시뮬레이션을 돌리려면 굉장히 비싼 컴퓨터가 필요해요. 소프트웨어만 해도 지금 수준으로는 어림없지요."

스티브는 지지 않고 눈을 반짝이며 말했다.

"그건 문제도 아니죠. 생각해보세요. 미생물학을 전공하는 신입생들이 폴 버그 유전자 변형 소프트웨어로 공부를 하는 겁니다. 굉장하지 않아요?"

스티브는 자신이 앞으로 그릴 그림이 선명하게 그려지는 것 같았다. 유전자 실험에 일대 혁명을 가져올 컴퓨터를 개발하는 것! 그것은 자신만이 개척할 수 있는 미지의 세계였다. 한동안 잊고 지냈던 열정과 의욕이 샘솟았다. 스티브는 그 세계를 함께 탐험할 뛰어난 선수들도 잘 알고 있었다. 그들 역시 스티브처럼 편한 월급쟁이 생활보다는 굉장한 물건을 만들어 그 제품에 자신의 이름을 새기고 싶어 안달하는 엔지니어들이었다.

당시 애플은 관료주의*에 젖어 있었다. 능력은 있지만 개

---

*상급자에게는 약하고 하급자에게는 힘을 내세우려 하며, 자기 업무와 직접 관련이 없는 일에는 신경을 쓰지 않고, 자기 책임은 지지 않으려는 문화.

인주의 성향이 짙은 매킨토시 팀의 몇몇 개발자들은 그런 애플에 조금씩 염증을 느끼고 있었다. 스티브가 은밀히 스카우트를 제의하자 그들은 기다렸다는 듯이 이 행렬에 합류했다. 뒤늦게 행렬에 끼지 못한 사람들이 서운해했을 정도였다. 그들은 입을 모아 이렇게 말했다.

"우리는 모두 스티브의 창업에 동참하고 싶어 했습니다."

새 컴퓨터 회사의 이름은 넥스트NeXT로 지었다. 소문자 'e'는 '교육education'을 의미했는데, 그것이 바로 넥스트가 겨냥한 새로운 시장이었다. 스티브는 실험실이나 대학에서 일하는 교수, 연구자, 과학자들이 연구에 활용할 수 있는 고성능 컴퓨터를 만들고자 했다. 스티브가 판단했을 때 그곳은 완벽한 틈새시장이었고 세상을 또 한 번 깜짝 놀라게 할 전혀 새로운 사업이 될 것 같았다. 스티브는 확신에 차서 이렇게 말했다.

"넥스트는 제가 애플에서 하던 일을 계속하게 될 겁니다. 바로 혁신이죠!"

완벽한 나만의 왕국을 만들겠어

스티브는 세상이 지켜보는 가운데 또다시 도전의 깃발을 높이 치켜들었다. 그는 애플이 자신을 만든 것이 아니라 자신이 지금의 애플을 만들었다는 사실을 세상에 증명하고 싶었다. 스티브는 애플에서 그토록 원했으나 좀처럼 손에 넣을 수 없었던 절대 권력을 넥스트에서 가질 수 있었다. 완전한 경영권을 손에 쥔 그는 이제 거칠 것이 없었다. 스티브는 하나부터 열까지 심혈을 기울여 자기만의 왕국을 건설했다.

스티브는 먼저 그가 찾을 수 있는 최고의 그래픽 디자이너를 고용해 회사 로고를 개발하게 했다. 넥스트의 로고는 애플의 로고보다 더 미학적이고 강렬한 것이어야 했다. 로고를 만든 그래픽 디자이너에겐 수천 달러가 지불되었다. 언제나 그랬던 것처럼 스티브는 최고의 실력자에게 최고의 대가를 지불하는 것을 아깝게 여기지 않았다. 그는 최고의 인력에게 투자하면 그만큼 멋진 결과가 돌아온다는 사실을 이미 경험으로 알고 있었다.

그 다음에 한 일은 세계적인 명성의 건축가를 고용해 넥

회사를 잃었다고 꿈조차 잃을 순 없다

스트 본부를 짓는 일이었다. 컴퓨터를 만들 때도 디자인을 굉장히 중요하게 여겼던 스티브는 건물을 지을 때도 미학적 완성도를 추구했다. 넥스트와 관련된 모든 것은 스티브 자신을 보여주는 것과 다름없었기 때문에 어느 하나 대충 넘어갈 수 없었다. 덕분에 건물 중앙의 계단에만 100만 달러가 들어갔다. 하지만 그는 전혀 아깝게 생각하지 않았다. 건물을 떠받치는 기둥이 공간을 훼손하는 것보다는 백 배 낫다고 판단한 것이다.

그러나 뭐니 뭐니 해도 넥스트에서 가장 주목을 받았던 것은 최첨단 자동화 시스템이었다. 사람의 손을 거치지 않고도 하루에 수백 대의 컴퓨터를 생산할 수 있도록 설계된 공장이었다. 이 공장에서 만들어낼 신형 컴퓨터는 막강해야 했다. 매킨토시를 능가하는 강력한 기능은 물론이요, 사용하기 편리한 인터페이스*를 갖춘 컴퓨터. 유려하고 매끈한 디자인은 기본이다.

이런 스티브의 완벽에 대한 집착은 회사의 행군 속도를 더

---

* 사용자인 인간과 컴퓨터를 연결하여 주는 장치로 키보드나 디스플레이 따위를 말한다.

미래의 아이콘을 꿈꾸는 세계 청소년의 롤모델 **스티브 잡스 이야기**

° 1987년 1월 스티브 잡스와 로스 페로. 텍사스의 억만장자 로스 페로는 스티브의 가능성을 높이 사서 넥스트에 거액의 자금을 투자했다.

디게 만들었다. 출범 이후 3년 동안 넥스트는 컴퓨터를 단 한 대도 못 팔면서 수천만 달러의 돈만 쏟아 부었다. 그럼에도 불구하고 언론은 넥스트에 호의적인 시선을 보냈다. 주기적인 관심을 갖고 기대 섞인 전망을 내놓았다. 그도 그럴 것이 스티브는 이제 또 하나의 애플을 창조하는 것처럼 보였고 모두가 이 계획에 동참하고 싶어 했다. 스티브는 멋진 프로젝트로 세상 사람들의 이목을 집중시키는 데는 가히 천재적인 재능을 지니고 있었다.

넥스트의 투자자들 중에는 GM의 이사였던 텍사스의 억만장자 로스 페로도 있었다. 그는 스티브의 진취적인 행동력과 상상력에 신선한 감동을 받았다. 페로는 스티브에게 직접 전화를 걸어 자신의 호의를 아낌없이 표현했다.

"원하는 게 얼마인지 말만 하시오."

페로는 2,000만 달러를 내고 넥스트 지분 16퍼센트를 구입했다. 언뜻 충동적으로 보이는 투자 결정에 일부에서는 우려를 표하기도 했지만 페로는 자신의 판단에 확신을 가지고 말했다.

"나는 재능에 투자합니다."

일본의 거대한 프린터 제조사인 캐논도 이 시류에 동참했

미래의 아이콘을 꿈꾸는 세계 청소년의 롤모델 **스티브 잡스 이야기**

다. 캐논은 넥스트 지분의 16.7퍼센트를 갖는 조건으로 1억 달러를 투자했고, 몇몇 대학들도 이 대열에 합류했다. 스티브의 열정과 재능을 이미 많은 사람들이 알고 있었기에 넥스트는 든든한 지원군을 확보할 수 있었다.

1989년 넥스트는 드디어 야심차게 준비한 기대작 큐브를 선보였다. 큐브는 넥스트스텝NEXTSTEP이라는 독자적인 운영체제*를 갖추고 있었고 인상적인 하드웨어와 소프트웨어가 장착된 세련된 검정색 컴퓨터였다.

첫 공개 행사에서 기자들은 이 기계의 우아한 디자인에 후한 점수를 주었다. 최첨단 사양을 자랑하는 성능에 대해서도 격찬을 아끼지 않았다. 스티브의 완벽에 대한 요구가 드디어 결실을 보는 듯했다. 이제 남은 것은 주문이 밀려드는 것뿐이었다. 훌륭하게 지어진 최첨단 자동화 시스템의 공장은 연간 12만 대를 생산할 준비를 마치고 주문을 기다리고 있었다.

---

* 컴퓨터의 하드웨어 시스템을 효율적으로 운영하기 위한 소프트웨어. 컴퓨터를 작동하고 시스템 전체를 감시하며, 처리하여야 할 데이터의 관리와 작업 계획 따위를 조정하는 여러 가지의 프로그램으로 구성되어 있다.

회사를 잃었다고 꿈조차 잃을 순 없다

컴퓨터를 넘어
컴퓨터 그래픽에
눈뜨다

넥스트에서 한창 고성능 컴퓨터 개발에 박차를 가하고 있을 무렵, 스티브는 애플에 있던 앨런 케이로부터 기막힌 정보를 입수했다. 영화 〈스타워즈〉의 감독 조지 루커스가 자신의 컴퓨터 그래픽 부서를 팔고 싶어 한다는 얘기였다. 앨런 케이는 한때 PARC(제록스 팰러앨토 연구센터)에서 일하다가 스티브의 안목에 반해 애플로 옮긴 특별 연구원이었다. 그는 스티브에게 "캘리포니아의 생라파엘St Raphael로 가서 루커스 필름에서 일하고 있는 괴상한 친구들을 만나 보라"고 부추겼다. 스티브는 당장 가벼운 짐을 꾸려 생라파엘로 날아갔다. 괴짜들이 모여 뭔가 수상한 일을 벌이고 있다니 호기심이 생기지 않을 수 없었다.

뜻밖에도 스티브는 그곳에서 몇 년 전 PARC에서 느꼈던 전율을 다시 한 번 느끼게 되었다. 그는 그때까지 그토록 선명한 디지털 사진과 놀랍도록 창의적인 동영상을 본 적이 없었다. 무엇보다 루커스의 컴퓨터 그래픽 팀원들은 직접 소프트웨어를 개발했고, 필요한 하드웨어는 자체 제작해 해결할 정도의 기술력을 갖추고 있었다. 스티브는 이 천재들에게 단숨에 매료되었다. 스티브를 사로잡은 그들이 바로 픽사 신화의 주역이 된 앨비 레이 스미스와 에드 캣멀 그리고 존 래스터였다.

앨비는 원래 뉴욕대의 교수였다. 하지만 화통하고 자유분방한 성격의 그에게 대학은 지루하기 짝이 없는 곳이었다. 앨비는 안정된 직업을 박차고 나와 무작정 캘리포니아로 떠났는데, 거기서 우연히 PARC를 방문하게 된다. 일찍이 스티브가 그랬던 것처럼 순식간에 컴퓨터 그래픽이 구현하는 환상적인 세계에 매료된 앨비는 망설임 없이 자신의 인생행로를 수정했다.

회사를 잃었다고 꿈조차 잃을 순 없다

앨비가 컴퓨터 그래픽의 귀재에 대한 소문을 듣고 찾아가 만난 사람이 바로 에드 캣멀이다. 당시 에드 캣멀은 알렉산더 슈어라는 백만장자가 세운 뉴욕공과대학에서 컴퓨터 그래픽 전문가들과 함께 일하고 있었다.

에드 캣멀은 자신이 천재적인 화가가 될 수 없다는 걸 일찌감치 알아버린 좌절한 예술가였다. 동시에 디즈니 애니메이션에 열광하는 만화광이기도 했다. 에드는 화가에 대한 미련을 재빨리 털어버리고 곧바로 전공을 바꿔 물리학과 컴퓨터 공학을 전공했는데, 마침 뛰어난 컴퓨터 기술자를 찾던 슈어의 눈에 띈 것이다.

뉴욕공과대학에서 만난 두 사람은 컴퓨터로 사람들을 감동시킬 장편 애니메이션을 만들겠다는 꿈을 공유하고 의기투합했다. 그러나 슈어는 자신들의 꿈에 전혀 도움이 되지 않았다. 스토리나 캐릭터에 대해서 무지했고 결정적으로 예술적 감각이라곤 찾아볼 수도 없었다. 그들에게는 제대로 된 영화 제작자가 필요했다. 그때 구원자처럼 나타난 사람이 바로 조지 루커스다.

루커스는 당시 〈스타워즈〉* 에피소드 가운데 다섯 번째인 〈제국의 역습〉을 제작하고 있었다. 레이저 광선을 일일이 손

수 그려 넣어야 하는 극히 어려운 작업에 괴로워하고 있던 차였다. 루커스는 앨비와 에드의 컴퓨터 그래픽 기술에 관심을 보였고 그들을 루커스 필름의 컴퓨터 그래픽 부서로 끌어들였다. 여기에 디즈니에서 일하던 존 래스터라는 천재 애니메이터**가 가세하면서 루커스 필름은 막강한 잠재력을 갖추게 되었다.

존 래스터는 사교적이고 열정이 넘치는 데다 스토리에 대한 탁월한 재능을 겸비한 인물이었다. 그는 디즈니가 캘리포니아 예술대학에 개설한 캐릭터 애니메이션 코스 2기생이었는데, 재학 당시 이미 학생 아카데미상을 두 번이나 수상할 정도의 재원이었다. 졸업 후 디즈니에 들어간 래스터는 영화 〈트론〉 제작에 참여하면서 컴퓨터 그래픽의 세계에 첫 발을 들여놓았다.

래스터는 컴퓨터 그래픽의 세계에 흠뻑 빠졌고 컴퓨터 그래픽을 이용한 새로운 스타일의 애니메이션을 디즈니 간부들

---

* 1977년부터 2005년까지 제작된 조지 루커스 감독의 미국 공상과학영화 6부작 시리즈.
** 만화영화의 장면, 즉 움직이는 그림을 그리는 사람. 애니메이션 만드는 것을 직업으로 하는 사람을 말한다.

에게 선보였다. 그러나 컴퓨터를 문서 작성이나 회계처리 도구 정도로만 여겼던 디즈니 간부들은 래스터의 새로운 애니메이션에 별 다른 관심을 보이지 않았다. 래스터는 실망과 좌절감을 느낄 수밖에 없었다.

이때쯤 앨비와 에드가 발 빠르게 래스터를 영입했다. 앨비와 에드 팀에는 능력 있는 예술가가 없었기 때문에 래스터의 존재감은 더욱 빛났다. 이 천재 애니메이터가 디즈니를 떠나 컴퓨터 그래픽 팀에 합류하게 된 것은 영화 산업을 위해서도 바람직했지만 스티브에겐 인생의 방향을 완전히 바꾸어 놓은 더없는 행운이었다.

대단한 그래픽 팀을 갖춰 놓은 루커스는 컴퓨터 그래픽을 특수효과 용도로만 활용했다. 그는 처음부터 끝까지 컴퓨터 그래픽만으로 된 영화를 만드는 데는 관심이 없었다. 컴퓨터 그래픽의 매력을 좀 더 부각시킬 필요가 있었던 에드는 〈스타트렉 2: 칸의 역습〉에서 어떤 카메라 기법으로도 표현할 수 없는 역동적인 장면을 컴퓨터 그래픽으로 만드는 데 심혈을 기울였다. 그 놀라운 장면을 확인한 루커스는 그제야 비로소 컴퓨터 그래픽의 위력을 실감하고 보다 적극적으로 영화에 활용하기 시작했다.

컴퓨터 그래픽의 드림팀을 내 것으로

1983년 루커스는 급작스럽게 아내와 이혼소송을 하게 되었고, 위자료를 지급하기 위해 회사를 팔아야 할 처지에 놓였다. 그의 재산은 영화 관련 회사들이 전부였고 이 중에서 가장 손실이 적은 것을 택해야 했다. 루커스는 컴퓨터 그래픽 부서를 희생시키기로 결정하고 3,000만 달러에 내놓았다.

당시 스티브는 이 부서를 살 만한 충분한 현금이 있었다. 루커스는 훌륭한 컴퓨터 시스템과 소프트웨어, 그리고 뛰어난 인재들로 구성된 그래픽 팀까지 통째로 넘기려고 했다. 이미 그래픽 기술자들에게 호감을 느낀 스티브에겐 정말 탐나는 구성이었다. 하지만 영악한 스티브는 3,000만 달러를 전부 지불할 생각이 없었다. 그는 루커스가 돈이 급해 전전긍긍하고 있다는 사실을 잘 알고 있었다. 이런 식의 협상에서는 시간을 많이 가진 사람이 유리한 법, 스티브는 고도의 협상가답게 적절한 때를 노리며 기다렸다.

루커스는 먼저 디즈니에 접근했다. 수익의 절반을 루커스에게 돌려주는 대가로 1,500만 달러에 팔아볼 생각이었다. 디즈니의 중역은 흥미를 보이며 일을 추진했지만 디즈니의 실세인 제프리 카첸버그가 "그런 데 신경 쓸 시간이 없다"며 일축하는 바람에 거의 성사된 협상이 어이없이 무산되고 말았다.

디즈니 다음으로 유력한 상대는 GM이사이자 사업가인 로스 페로였다. 페로는 누구보다 적극적으로 협상에 돌입해 거의 거래가 성사될 뻔했다. 그러나 유감스럽게도 계약서에 도장을 찍기로 한 날, 페로가 GM 이사회에서 축출됐다는 기사가 보도되는 바람에 계약은 자연스럽게 없던 일이 되고 말았다.

드디어 스티브에게 기회가 왔다. 그러나 협상은 쉽지 않았다. 스티브는 의도적으로 밀고 당기는 신경전을 벌여 루커스를 지치게 만들었다. 루커스가 포기할 만하면 다시 흥미를 보이고, 협상이 진행될 만하면 뒤로 한 발 뺐다. 진척 없는 협상에 질려버린 루커스가 더 이상 협상은 없다고 통보했지만 스티브는 끈질기게 다시 루커스를 협상 테이블로 끌어 앉혔다.

이러한 전략으로 마침내 스티브는 자신이 원하는 수준의 계약을 성사시킬 수 있었다. 루커스는 별다른 선택의 여지없이 자신이 제시한 금액의 3분의 1밖에 안 되는 1,000만 달러에 컴퓨터 그래픽 부서를 넘기게 됐다.

가격이 떨어질 때까지 기다렸다가 단숨에 구입하는 것은 스티브의 장기였다. 물론 그렇게 시간을 끌다가 엄청난 손해를 본 적도 있긴 하지만 어쨌든 그는 승부사였고, 이번에는 스티브가 승리를 거머쥐었다.

회사를 잃었다고 꿈조차 잃을 순 없다

픽사라는
컴퓨터 그래픽 회사를
인수하다

당시에 스티브는 루커스에게 애니메이션 제작
팀을 산 게 아니라 하드웨어와 소프트웨어 회사
를 샀다고 생각했다. 자신이 사들인 컴퓨터가 텔
레비전 마케팅 기업들이 광고를 제작할 때나 병
원에서 MRI 검사나 엑스레이를 찍을 때 아주 유용할 것이라
고 판단한 것이다. 제품을 응용할 수 있는 범위는 무궁무진했
고 시장은 개척하기 나름이었다. 그러나 앨비와 에드는 생각
이 달랐다. 그들은 여전히 장편 애니메이션을 만들겠다는 꿈
을 간직하고 있었다. 동일한 컴퓨터와 소프트웨어를 가지고

스티브와 컴퓨터 그래픽 팀이 다른 꿈을 꾸고 있었다.

이렇게 딴 생각을 품고 있었지만 어쨌든 앨비와 에드는 스티브와 함께 회사의 공동 창업주가 되었다. 앨비와 에드가 각각 4퍼센트의 지분을 가졌고, 나머지 92퍼센트를 스티브가 가졌다. 새 회사에는 '픽사Pixar'라는 이름을 붙였다. 이는 화소pixels를 다루는 자신들의 정체성을 반영한 것이었다. '픽사'라는 이름은 테크놀로지와 창조성을 결합한 듯한 뉘앙스를 풍겨서 컴퓨터 그래픽 회사 이름으로 썩 잘 어울렸다.

확실히 픽사 컴퓨터는 극히 정교한 이미지를 대량으로 저장할 수 있는 컴퓨터 그래픽 전문 컴퓨터였다. 그러나 안타깝게도 가격이 너무 비쌌기 때문에 누구 하나 선뜻 사려고 하지 않았다. 스티브는 아예 특수집단을 공략하기로 했다. 그가 목표로 삼은 건 의료계였다. 진료를 할 때 많은 이미지를 저장해야 하는 병원 특성상 픽사의 컴퓨터에 관심을 보일 것이라고 판단한 것이다.

영업 팀은 전국의 병원을 돌며 픽사 컴퓨터의 필요성을 납득시키려고 했다. 그러나 픽사 이미지 컴퓨터는 일반인들이 쉽게 사용할 수 있는 컴퓨터가 아니라 전문가들을 위해 고안된 컴퓨터였다. 말하자면 보통 사람은 사용할 엄두도 내지 못

회사를 잃었다고 꿈조차 잃을 순 없다

할 만큼 사용법이 복잡했다. 더욱이 의료계 종사자들은 그 컴퓨터의 사용법을 배우기 위해 며칠이나 투자하기에는 너무 바쁜 사람들이었다. 한 대당 13만 5,000달러라는 가격도 일반 기업이나 병원에서 감당하기엔 높은 벽이었다.

결과적으로 1988년까지 픽사는 고작 120대의 컴퓨터를 팔았을 뿐이다. 미국 정부가 스파이 위성사진을 분석하기 위해 몇 대 구입했을 뿐 추가 매출은 거의 없었다. 스티브가 픽사의 잠재력을 엉뚱하게 파악한 탓에 처음부터 픽사는 재정적으로 고전을 면치 못했다.

그럼에도 불구하고 스티브는 픽사에 대해서는 넥스트와 달리 부담 없이 가벼운 태도를 취했다. 픽사의 운영에 독립성과 자율성을 어느 정도 보장해주었고, 유일한 요구 사항은 한 달에 한 번씩 진행상황을 보고하라는 것뿐이었다. 회사 규정도 많이 느슨했다. 픽사의 직원들은 느지막이 출근해서 밤늦게까지 일하곤 했다. 그들은 예술가 집단이었고 영화 제작의 최첨단을 달리는 사람들이었다. 자율성은 창조력의 생명이었고 스티브도 그 정도는 이해해주었다.

재미있는 것은 픽사의 임원이었던 앨비와 에드가 스티브에게 월례보고를 하러 갈 때마다 미리 시나리오를 짜서 입을 맞추곤 했다는 사실이다. 아직 변변한 수익을 내지 못하면서 1년에 1,000만 달러를 들이붓고 있다는 사실을 보고하는 것도 그 둘에겐 고역이었고 스티브를 예민하게 만들고 싶지도 않았기 때문이다. 두 사람은 스티브의 주의를 딴 데로 돌리면서 픽사의 업적을 돋보이게 하도록 만반의 준비를 다했지만 그런 계책이 스티브에게 제대로 먹힌 것은 아니다.

픽사는 뭘 하는 회사인 거야

여러 군데서 투자를 받았던 넥스트와는 달리 픽사는 오로지 스티브의 주머니를 털어 회사를 꾸려갔다. 그래서인지 스티브는 회사 운영에 대해 까다로울 정도로 꼬치꼬치 캐물었다. 그때마다 앨비와 에드는 신통치 않은 답변을 내놓았지만 스티브는 회사가 그대로 침몰하지 않도록 계속 수표를 끊어주었다. 스티브는 아직까진 픽사를 포기할 생각이 없었다.

그러나 상황은 점차 어려워졌다. 1988년에 넥스트와 픽사의 경영 상태는 밑 빠진 독에 물 붓기나 다름없는 상황이었다. 두 회사는 말 그대로 스티브의 피를 말리고 있었다. 넥스

회사를 잃었다고 꿈조차 잃을 순 없다

트는 그해 컴퓨터를 단 한 대도 팔지 못하고 돈만 축내는 애물단지였다. 계속 이런 식이라면 얼마 안 있어 투자한 돈을 모두 잃고 거리로 나앉을 판이었다. 자금난에 몰린 스티브는 결국 심적 부담이 적은 픽사를 구조조정하기로 결정했다. 픽사는 직원과 회사 사이에 신뢰 관계가 아주 깊은 회사였지만 스티브의 결정에 반박할 수는 없었다. 스티브에게 본업은 넥스트였고 픽사는 취미생활 정도에 불과했기 때문이다.

스티브는 수십만 달러의 예산을 삭감하기 위해 픽사 팀과 함께 대대적인 구조조정 회의에 들어갔다. 앨비와 에드는 심혈을 기울여 선발한 픽사의 인재들을 피눈물을 흘리며 잘라야 했다. 회의가 마무리되었을 때 픽사 팀은 다른 고민에 빠졌다. 구조조정을 하더라도 결코 양보할 수 없는 것이 있었는데, 바로 시그라프*에 출품할 단편 애니메이션 제작비를 타내는 것이었다.

시그라프 행사는 컴퓨터 그래픽 분야의 최대 박람회였고, 루커스 필름에 있을 때부터 그래픽 팀이 가장 우선으로 치는

---

* 컴퓨터 그래픽 전시회로 애니메이션과, 일러스트 및 3D그래픽 등 첨단 컴퓨터 그래픽을 만날 수 있는 박람회다.

과제였다. 픽사의 그래픽 팀은 이 행사에 단편 애니메이션을 출품하면서 서서히 명성을 쌓아가는 중이었다.

　1984년 루커스 사단에 속해 있을 때 래스터는 이 연례행사에 〈안드레와 꿀벌 윌리〉를 출품했었고 세련된 컴퓨터 그래픽으로 세간의 이목을 집중시켰다. 픽사에 들어간 이후 그래픽 팀은 한층 더 업그레이드 된 자신들의 역량을 보여줄 확실한 계기가 필요했다. 1986년 시그라프 행사에서 심기일전하여 선보인 단편 애니메이션은 말 그대로 폭발적인 반응을 불러 일으켰다. 기술적인 면뿐 아니라 스토리 부분에서도 독보적으로 뛰어난 작품이었다.

　작품에 등장하는 캐릭터는 스탠드 두 대가 전부였다. 래스터는 이 무생물에 생명을 불어넣고 따뜻한 피를 흐르게 했다. 관객들은 의인화 *된 사물들이 인간의 감정을 깜찍하게 표현해내는 것을 보며 말할 수 없는 감동을 느꼈다. 그 작품이 애니메이션 역사에 한 획을 그은 〈럭소 주니어〉다. 〈럭소 주니어〉는 상영되는 곳마다 화제를 몰고 왔다. 해외 영화제에 단

---

* 사람이 아닌 것을 사람에 비기어 표현하는 것.

회사를 잃었다고 꿈조차 잃을 순 없다

골 출품작이 되었고, 아카데미상 단편 애니메이션 부문에 수
상 후보작으로 올랐다. 아쉽게 수상에서는 제외되었지만 사
람들은 입을 모아 이렇게 말했다.

"이것은 컴퓨터 그래픽 애니메이션의 모든 것이다."

컴퓨터 애니메이션도 가능성이 있겠어

시그라프에 모이는 많은 사람들이 픽사의 다음 영화를 기다
리고 있었다. 향후 장편을 만들 것을 고려하더라도 이보다 더
좋은 마케팅은 없었다. 그러나 스티브는 이제 막 수십만 달러
의 예산을 삭감하기 위해 인원을 감축한 터였다. 그런 그에게
수십만 달러의 제작비를 요구하기란 참으로 난감한 일이었
다. 그러나 이 단편 애니메이션을 만드는 것은 픽사의 존재
이유이기도 했다. 마침내 용기 있는 누군가가 입을 열었다.

"스티브, 이 작업은 꼭 필요해요. 이 애니메이션을 보면
사람들이 우리가 개발하고 있는 소프트웨어에 관심을 갖지
않겠어요?"

스티브는 잠시 침묵했다. 한 달간 애니메이션을 제작하려

면 수십만 달러가 들 것이다. 가뜩이나 자금이 부족한 상황에서 수익을 창출하지 못하는 단편 애니메이션을 제작하도록 돈을 내주는 게 쉬운 일이 아니었다. 결국 스티브가 침묵을 깨고 말했다.

"스토리보드*는 나와 있겠지? 한 번 보도록 합시다."

스티브의 말이 떨어졌고 이제 존 래스터의 차례였다. 그는 스티브가 제작비용을 줄이지 못하도록 최선을 다해 설득해야 했다. 존 래스터는 공들여 준비한 스토리보드를 가지고 앞으로 나섰다. 그는 타고난 이야기꾼이었다. 그의 화술은 따뜻하면서도 호소력이 짙었다. 래스터가 열정적인 연기자처럼 몸소 대사를 하고 연기를 해가며 프레젠테이션을 마쳤을 때, 스티브는 깊은 인상을 받았다. 그림도 훌륭했지만 무엇보다 이야기에 감정이 살아 있었다. 스티브는 두말 않고 지갑을 열었다. 그리고 이 결정은 결과적으로 매우 현명한 판단이었다. 그렇게 탄생한 작품이 바로 〈틴 토이Tin Toy〉다.

이 작품은 평단의 뜨거운 호응에 힘입어 아카데미 시상식

---

* 영화나 텔레비전 광고 또는 애니메이션 같은 영상물을 제작하기 위해 작성하는 일종의 문서.

회사를 잃었다고 꿈조차 잃을 순 없다

단편 애니메이션 부문에서 아카데미상을 거머쥐었다. 순전히 컴퓨터만으로 제작한 애니메이션 영화로는 최초의 수상이었다. 물론 가장 큰 공로는 모든 과정을 감독·제작한 존 래스터에게 있었다. 그러나 막연한 가능성에 과감한 투자를 아끼지 않은 스티브의 결단이 없었더라면 〈틴 토이〉는 만들어질 수 없었을 것이다. 그리고 〈틴 토이〉를 제작하지 않았다면 오늘날의 픽사도 존재하지 않았을 것이다.

스티브는 제작자의 자격으로 시상식에 올랐다. 아카데미 시상식에 참석해서 박수를 받은 경험은 스티브 잡스에게 새로운 영감을 주기에 충분했다. 그동안 실리콘밸리의 유명인사 자리에만 만족했던 그에게 할리우드는 새로운 영향력을 행사할 수 있는 기회로 여겨졌다.

그리고 그동안 하드웨어와 소프트웨어 회사로만 생각하고 있던 픽사의 존재 가치와 정체성에 대해 점차 인식을 달리하기 시작했다. 자금난에 시달릴 때마다 스티브는 종종 앨비와 에드에게 애니메이션 팀을 없애겠다고 으름장을 놓곤 했다. 그럴 때마다 앨비와 에드는 조금만 기다려 달라고 스티브를 설득했다. 그러나 이제 그런 사정을 할 필요가 없게 되었다. 스티브는 픽사의 컴퓨터 그래픽 팀이 지금까지 해왔고 앞으로 하려는 일이 무엇인지 어렴풋이 이해하게 되었다.

픽사는 컴퓨터 애니메이션 분야에서 논란의 여지가 없는 선두주자였다. 픽사의 컴퓨터를 사려는 사람들은 아무도 없었지만, 픽사의 창조적인 팀원들이 만든 귀엽고 깜찍한 영화는 누구나 보고 싶어 했다. 스티브는 픽사의 저력에 대해 100퍼센트 확신을 갖진 못했지만, 할리우드에서 사업을 한다는 것에 점차 매력을 느끼고 있었다.

새로운 도전 속에
여러 가지
실패를 겪다

애니메이션 분야의 눈부신 기술적 성장에도 불구하고 픽사의 적자는 날마다 늘어갔다. 1989년의 스티브는 정말이지 고통스러운 시간을 보내고 있었다. 그나마 픽사는 나은 편이었다. 넥스트의 재정 상태는 거의 재앙 수준이었다. 회사의 자본금에서 매달 약 100만 달러가 소리 없이 빠져나갔고, 애플에 한 방 먹이겠다는 사업 초기의 활력은 찾아보기 힘들었다. 생존 자체가 의심스러운 지경이었다.

스티브는 넥스트 컴퓨터를 출시하며 화려하게 복귀했지만

언론이 선사하는 요란한 폭죽이 잦아들고 나자 곧 그 실체가 드러났다. 픽사 이미지 컴퓨터 때와 비슷하게 이번에도 스티브는 시장을 잘못 골랐고 경쟁에서 참패했다. 스티브가 주요 고객으로 점찍은 대학은 넥스트 컴퓨터를 구매할 의향이 전혀 없었다. 넥스트 컴퓨터는 학문 연구 등을 위해 만들어진 워크스테이션*이었지만 선 마이크로시스템즈Sun Microsystems 나 다른 기업들이 내놓는 워크스테이션에서 가격 경쟁에서 밀렸다. 넥스트의 제품은 빼어난 디자인만 보더라도 누구나 탐을 냈지만 그 때문에 수천 달러나 더 지불할 통 큰 고객은 사실 드물었다.

스티브가 최고의 컴퓨터를 만들고 있었다는 점은 부인할 수 없다. 하지만 그 때문에 가격은 천정부지로 높아졌고 그것이 제품의 경쟁력을 잃게 만든 가장 큰 요인이었다. 스티브는 애플에서 했던 똑같은 실수를 반복하고 있었다. 그리고 또 하나 스티브가 애플에서와 달라지지 않은 점이 있었다. 바로 독선적이고 불같은 성격이었다. 이 괴팍한 성격이 긍정적으로

---

* 사무용 또는 기술용 단말기로 쓸 수 있는 다기능 컴퓨터를 통틀어 이르는 말.

회사를 잃었다고 꿈조차 잃을 순 없다

발휘될 때는 사람들로 하여금 불가능한 것도 이루게 했지만, 나쁘게 작용할 때는 돌이킬 수 없는 상처를 입혔다. 그런 의미에서 앨비는 운이 나빴다.

스티브는 앨비의 전문성과 고집을 높게 평가하고 존중했다. 그런데 어느 날 픽사 회의를 하던 중 스티브가 갑자기 돌변했고, 앨비는 무례한 스티브에게 상처를 받아 픽사를 떠나고 말았다. 그건 정말 사소하게도 '화이트보드' 하나 때문이었다.

스티브는 회의 중 화이트보드를 독점하다시피해서 일방적으로 설교를 늘어놓을 때가 많았다. 그런데 이날따라 앨비는 스티브의 주장이 몹시 거슬리게 들렸다. 잠자코 듣던 앨비는 앞으로 걸어 나가 매직펜을 집어 들었다.

"스티브, 뭔가 잘못 생각하고 있는 것 같네."

그러고는 스티브의 전용 화이트보드에 조목조목 짚어가며 그의 주장을 반박했다. 그러나 돌아온 건 스티브의 호통소리뿐이었다.

"지금 내 화이트보드에 뭐하는 짓이야!"

앨비는 어안이 벙벙했지만 달리 대꾸할 말을 찾지 못했다. 스티브는 있는 대로 화가 나서 열한 살이나 많은 앨비에게 모욕적인 언사도 서슴지 않았다. 앨비는 자존심에 치명적인 상처를 입었고 그대로 짐을 싸서 픽사를 떠나버렸다.

스티브가 화를 낸 표면적인 이유는 자신의 화이트보드를 사용했다는 것이었다. 하지만 스티브가 화를 낸 보다 본질적인 이유는 자신의 주장에 토를 달고 맞섰다는 거였다. 당시 픽사의 진정한 권위는 컴퓨터 그래픽의 선봉장 앨비와 에드, 래스터에게 있었는데, 권위의식과 독점욕이 강한 스티브에게 그건 용납할 수 없는 일이었다. 스티브는 이날 누가 진정한 픽사의 주인인지 확인시켜준 셈이다.

이런 불미스러운 사건 말고도 픽사의 상황은 점점 나빠졌다. 픽사 컴퓨터는 매출이 부진했고 인원 감축은 계속 진행됐다. 결국 스티브는 픽사의 하드웨어 부문을 비콤이라는 회사에 넘겼고 몇 달 만에 회사의 규모는 반으로 줄었다.

그래도 소프트웨어 쪽은 나름대로 선전하고 있었다. 픽사에서 개발한 '렌더맨RenderMan'이라는 소프트웨어 패키지가 인기를 끌며 꾸준히 판매되고 있었다. 렌더맨은 색채와 질감을 사실적으로 묘사할 수 있도록 빛의 방향이나 각도를 계산해서 처리할 수 있는 툴을 제공했는데, 우수한 품질을 인정받아 애니메이션 업계에서 가장 선호하는 제품이 되었다. 픽사

회사를 잃었다고 꿈조차 잃을 순 없다

는 렌더맨의 수익으로 체면을 겨우 세울 수 있었다.

　넥스트에서는 소프트웨어 분야에서 새로운 시도가 이뤄졌다. 스티브는 '마하Mach'라는 객체지향 프로그래밍*을 통해 보다 진보된 운영체제를 갖춘 컴퓨터를 개발하기로 결정했다. 회사가 재정난에 허덕이고 있었지만 스티브는 색다른 시도와 모험을 멈추지 않았다. 그는 위기에서 벗어나는 방법은 보다 훌륭한 제품을 만드는 것이라고 굳게 믿고 있었다. 이렇게 개발한 객체지향 운영체제가 넥스트를 구하는 열쇠가 될 줄은 당시의 스티브도 알지 못했다. 그러나 그건 한참 뒤의 일이다.

　여전히 넥스트의 악재는 계속되고 있었다. 1992년엔 1년 동안 팔린 넥스트 컴퓨터는 겨우 2만 대에 불과했다. 스티브는 더 이상 쏟아 부을 돈이 없었다. 그리고 아무리 낙관적인 스티브라도 마침내 그러한 현실을 인정할 수밖에 없었다.

　결국 스티브는 눈물을 머금고 넥스트의 하드웨어 부문 전

---

* 컴퓨터 프로그램을 명령어의 목록으로 보는 시각에서 벗어나 여러 개의 독립된 단위, 즉 '객체'들의 모임으로 파악하고자 하는 것이다. 각각의 객체는 메시지를 주고받고, 데이터를 처리할 수 있다.

체를 매각하기로 결정했다. 그 소식에 넥스트의 창업 멤버들은 하나둘 회사를 떠났다. 초기 투자자였던 로스 페로는 스티브의 경영 방식에 환멸을 느끼고 자금 지원을 중단했다. 이미 2억 달러 가까이 넥스트에게 투자한 캐논 역시 넥스트의 하드웨어 부문만 인수한 채 스티브와 인연을 끊었다. 스티브는 이제 언론의 먹잇감이 되었다. 해적 선장의 몰락을 고소해하는 기사들이 끊임없이 스티브를 괴롭혔고, 언론은 자신들이 신화로 만들었던 그 손으로 스티브를 거침없이 끌어내렸다.

◉

가장이 되니까 세상을 보는 눈이 달라졌어

나락에 빠진 스티브에게 위안을 준 유일한 곳은 가정이었다. 사업은 위태로웠지만 스티브 개인적으로는 화창한 봄날을 누리고 있었다. 1989년 가을에 자기 계발을 위해 다니던 스탠포드 대학 경영대학원에서 만난 로렌스 포웰Laurence Powell과 사랑에 빠진 것이다. 로렌은 스티브보다 아홉 살이나 어렸지만 둘 사이에는 공통점이 많았다. 둘 다 채식주의자였고 생활방식에도 공통점이 많았다.

　회사를 잃었다고 꿈조차 잃을 순 없다

두 사람은 급속도로 가까워졌다. 1년 정도 사귀었을 때 로렌은 스티브에게 임신 사실을 알렸다. 첫딸 리사의 임신 소식을 알았던 그날처럼 이번에도 스티브는 도망치려고 했다. 그동안 나이를 좀더 먹었지만 부모가 된다는 것에 대한 두려움이 아직 해결하지 못한 상태였다. 그러나 로렌은 크리스 앤과는 달랐다. 스티브를 붙잡고 결혼을 받아들이도록 설득했다. 스티브는 그제야 비로소 마음을 고쳐먹었다. 마침내 그들은 1991년 3월 18일 요세미티 국립공원에서 결혼식을 올렸고 6개월 뒤, 아들이 태어났다. 이름은 리드Reed라고 지었다.

가족을 꾸리고 부모가 되면서 스티브는 전보다 많이 여유로워졌다. 인생을 대하는 태도나 사업을 운영하는 방식도 한층 유연해졌다. 언젠가 인터넷 창업 열풍에 대해 어떻게 생각하느냐는 질문을 받았을 때 스티브는 이렇게 말했다.

"아이를 낳는 경험도 기적 같은 일이지만 그 아이들이 잘 자라게 하는 것은 무엇보다 소중한 일입니다. 회사도 마찬가지예요. 인터넷 창업 열풍의 문제점은 많은 사람들이 창업을 한다는 것이 아닙니다. 사업을 시작해 놓고 금방 내팽개치는 것이 문제입니다."

그렇다. 스티브도 넥스트와 픽사를 운영하면서 말로 하기 힘들 정도의 어려운 시절을 보냈다. 그러나 직원을 해고해야 하거나 계획이 뜻대로 되지 않아 애를 태우는 그 순간에도 스티브는 회사에 대한 희망을 버리지 않고 끈질기게 버텼다.

시장의 흐름을 한 발 앞서 읽어내고 직관적 판단으로 일을 추진하는 스티브였지만 그 모험과 시도가 언제나 과녁에 명중했던 것은 아니다. 그러나 중요한 건 실패했느냐 성공했느냐가 아니라 어떤 시도를 했고, 그 과정에서 무엇을 배울 수 있었냐는 것이다. 적어도 스티브는 자신의 판단을 믿었고, 일단 결정한 것은 맹렬하게 밀어붙였으며 불리한 상황에서도 꼬리를 감추며 도망치지 않았다.

그는 이 숱한 시련을 묵묵히 견뎌내면서 더욱 강하게 단련되었다.

회사를 잃었다고 꿈조차 잃을 순 없다

PART 3

컴퓨터를 넘어 영화와 음악 산업의 아이콘이 되다

7장

또 한 번의
승부

디즈니와의 만남을 통해 영화 산업에 눈 뜨다

픽사는 애니메이션 분야에서 두각을 나타내고 있는 회사였지만, 적자 규모를 감당하기는 점점 더 어려워졌다. 그건 넥스트도 마찬가지였다. 넥스트에서 야심차게 만든 컴퓨터 큐브는 모든 사람들이 감탄하지만 막상 사지는 않는, 명백하게 실패한 컴퓨터였다.

스티브는 고심 끝에 픽사의 하드웨어 부분을 비콤이라는 회사에 넘겨야 했다. 픽사에서 수익을 올리고 있는 것은 앨비와 에드가 개발한 '렌더맨'이라는 컴퓨터 그래픽 소프트웨어와 존 래스터가 이끄는 애니메이션 팀뿐이었다. 설상가상으로 픽사의 공동설립자였던 앨비 레이 스미스도 스티브와 마찰을 일으켜서 회사를 떠났다. 자금난에 창업자마저 떠난 픽사에는 더 이상 희망이 없어 보였다.

그러나 〈틴 토이〉가 대성공을 거두자 모든 것이 달라졌다. 〈틴 토이〉의 성공은 디즈니를 불러들였다. 디즈니는 래스터의 단편 애니메이션에서 가능성을 보았다. 그래서 자기들을 위해 장편 애니메이션을 만들어달라고 픽사에 제안을 해온 것이다. 그때는 넥스트도 그렇고 픽사도 그렇고 돈만 잡아먹는 공룡이 되어가고 있을 무렵이었다. 가뜩이나 자금난에 허덕이던 스티브에게 이보다 더 좋은 제안은 다시없을 것 같았다. 스티브는 디즈니에서 다음 연락이 오기를 기다렸다.

사실 스티브는 이전에도 디즈니의 사장인 제프리 카첸버그를 만난 적이 있었다. 그때는 넥스트 컴퓨터를 팔기 위해서였다. 스티브는 디즈니의 임원진들에게 넥스트 컴퓨터를 소개하면서 이렇게 말했다.

"앞으로는 누구든 컴퓨터만 있으면 애니메이션을 만들 수 있는 시대가 올 겁니다. 애니메이션은 이제 보통 사람들의 분야가 될 것이며, 그것은 우리 넥스트 컴퓨터가 있기에 가능한 것입니다."

그때 까칠하기로 유명한 제프리 카첸버그가 스티브의 말을 끊고 일어났다.

"애니메이션은 우리 것이오. 누구도 그걸 가져갈 수 없소. 지금 당신이 하는 말은 내 딸하고 데이트를 하겠다는 말과 같은데, 내 것을 빼앗어간다면 난 총으로 당신의 거기를 날려버리겠소."

거의 협박에 가까운 말이었다. 웬만한 사람들이라면 기가 죽어서 말도 꺼내기 어려운 상황이었지만 스티브는 잠시 침묵했을 뿐 당황하지 않고 남은 발표를 마쳤다. 물론 스티브의 열변에도 불구하고 디즈니는 넥스트 컴퓨터를 구입하지 않았다. 스티브의 지나친 자신감이 디즈니의 자존심을 자극했기 때문이다.

○

아쉽다고 굽히고 들어가진 않겠어

그러나 이번에는 판도가 달랐다. 돈줄은 디즈니가 쥐고 있었지만 스티브가 배짱을 부렸다. 비록 디즈니 자금이 제때 들어오지 않으면 픽사뿐 아니라 넥스트도 문을 닫아야 할 형편이었지만, 스티브는 항상 협상에서 자신이 유리한 패를 쥐고 있는 것처럼 행동하곤 했다. 그런 뻔뻔스러움이 자신을 더 위대한 성취로 이끌었음을 경험으로 알고 있었다.

그런데 어쩐 일인지 디즈니와의 협상이 뚜렷한 이유 없이 지지부진했다. 디즈니 내부에서 픽사와의 협상을 반대하는 의견이 있다는 소문도 들렸다. 디즈니 영화 제작이 무산될지도 모른다는 위기감이 픽사 내에 돌았다.

어떻게 찾아온 기회인데 그냥 이렇게 디즈니를 놓칠 수는 없었다. 픽사 경영진은 이 상황을 타개할 묘안이 필요했다. 픽사는 디즈니가 협상할 생각이 없다면 다른 스튜디오와도 일을 할 수 있다는 뜻으로 할리우드의 다른 스튜디오 이사들과 접촉하는 시늉을 했다. 이 계략은 보기 좋게 성공했다.

"디즈니를 위해 일하고 싶다면 디즈니하고만 대회를 해야 합니다."

카첸버그가 그렇게 주장하며 협상 테이블에 나온 것이다.

"이번 협상은 어디까지나 디즈니가 최우선이라는 것을 알아두시오."

협상 테이블에 앉았을 때 카첸버그는 여전히 고압적인 자세로 이렇게 말했다. 하지만 스티브에게 그런 것은 별로 중요하지 않았다. 스티브는 디즈니가 얼마 정도의 제작비를 댈 수 있는지가 가장 궁금했다. 디즈니가 지원하는 액수가 픽사를 살리기에 충분한 액수여야 했기 때문이다.

디즈니는 픽사의 기술이 필요했고 픽사는 디즈니의 자금력이 필요했다. 이제 스티브가 할 일은 디즈니와 최대한 유리한 조건으로 협상을 해서 픽사의 재정난에 숨통을 트이게 하는 것뿐이었다. 하지만 스티브는 컴퓨터나 전자 기기 쪽으론 도사였지만 영화 쪽으론 관계도 없었고 아는 것도 없었다. 그 협상은 오로지 자신의 직관과 사업 감각에 의지해서 풀어나가는 수밖에 없었다. 디즈니와 픽사의 거래에는 풀어야 할 어려운 문제들이 많았다.

"우리는 디즈니에서 전체 영화 제작 비용과 마케팅 비용을 부담하길 바랍니다."

스티브가 먼저 운을 뗐다.

"좋소."

카첸버그도 동의했다.

"그리고 영화는 한 편이 아니라 세 편을 제작할 때까지 협력관계를 지속했으면 합니다."

디즈니 입장에서도 나쁘지 않은 제안이었다. 카첸버그는 이번에도 동의했다. 이제 카첸버그가 제안할 차례였다.

"영화 배급은 온전히 디즈니에서 책임질 거요. 따라서 영화 매표소 수입의 87.5퍼센트를 우리가 갖겠소. 그리고 장난감이나 게임 같은 영화 관련 상품에서 벌어들이는 로열티 수익 또한 모두 디즈니가 가져가겠소."

이번에는 스티브가 동의할 차례였다. 디즈니의 제안은 영화 제작을 담당하면서 픽사가 챙길 수 있는 수입이 전체 수익의 12.5퍼센트밖에 되지 않는다는 말이었다. 하지만 아직 장편 애니메이션을 제작해본 경험이 없는 픽사에게 그 정도 수익도 꽤 욕심나는 것이었다. 영화가 성공한다면 픽사는 회사가 생긴 이래 구경도 못했던 큰돈을 만져볼 수 있게 될 것이다.

두 회사는 마침내 공동으로 제작비를 계산하고 계약을 성사시켰다. 이로써 스티브는 망하기 일보 직전의 회사를 살렸다. 누구나 인생에서 답이 보이지 않는 긴 터널을 지나야 할 때가 있다. 일이 잘 풀리지 않는다고 실의에 빠져 지내는 것이 아니라 묵묵히 그 터널을 지나올 때 결국 빛을 보게 되는 때가 반드시 오는 법이다.

스티브에게 디즈니와의 계약은 긴 터널을 빠져 나오는 계

미래의 아이콘을 꿈꾸는 세계 청소년의 롤모델 **스티브 잡스 이야기**

기가 되었다. 그리고 훗날 그 계약은 스티브는 물론 그 누구
도 상상하지 못했던 더 큰 성공을 불러왔다.

〈토이 스토리〉에
모든 것을
걸다

이로써 픽사는 애니메이션 분야에 대담한 도전장을 던질 수 있게 되었다. 픽사는 존 래스터를 감독으로 나중에 〈토이 스토리〉라 불리게 될 장편 애니메이션 제작에 착수했다. 장편영화와 단편영화를 동시에 만든다는 사실은 픽사 직원들을 흥분시키기에 충분했다. 그러나 동시에 그것은 매우 두려운 일이기도 했다.

그동안 만들었던 픽사 단편영화는 길이가 채 10분도 되지 않았다. 그러나 장편영화는 상영 시간이 적어도 한 시간 반 정도는 되어야 했다. 픽사 직원들은 이렇게 긴 작품을 해본 적이 한 번도 없었기 때문에 과연 제대로 해낼 수 있을지 걱정이었다. 일단 어린이와 어른 모두를 만족시킬 수 있는 이야깃거리가 절실했다.

픽사가 과거에 성공했던 것은 무생물에 인간의 특성을 부여해서 캐릭터를 살아 숨 쉬는 존재로 만들었기 때문이다. 아카데미상을 수상한 〈틴 토이〉의 스타는 사납고 제멋대로인 아기의 손에 파괴될 위기에 처한 북치는 장난감이었다. 픽사는 이 아이디어에 살을 붙여 이야기를 만들어나가기로 했다.

다행히 디즈니와의 협력관계는 우호적이었다. 래스터는 카첸버그의 경험과 통찰력을 존중했고 카첸버그는 래스터의 뛰어난 재능과 창조성을 신뢰했다. 스티브까지 포함한 세 사람의 관계는 직업적인 관계 그 이상이었다. 모든 것이 제대로 돌아가는 듯했다. 하지만 〈토이 스토리〉 제작 과정은 녹록치 않았다. 래스터가 토이 스토리의 시나리오 초안을 들고 카첸버그를 만나러 갔을 때 카첸버그가 심드렁한 반응을 보인 것이다.

"어디라고 콕 집어 말할 수는 없네만, 이야기가 좀 늘어지는 것 같지 않나? 관객들은 아마 팝콘이나 먹을 거야."

카첸버그는 오랜 경험을 통해 관객들이 무엇을 원하는지

또 한 번의 승부

본능적으로 알고 있는 사람이었기 때문에 그 의견을 무시할 수 없었다. 하지만 카첸버그도 이야기의 어디가 어떻게 잘못되었는지 구체적으로 짚어줄 수는 없었다. 래스터는 카첸버그의 의견을 반영하고 싶었지만 뭐가 문제인지 알 수 없었다. 몇 개월 동안 줄거리 수정 작업이 계속됐다. 하지만 카첸버그는 그때마다 고개를 저었다. 〈토이 스토리〉의 등장인물인 우디의 성격이 너무 거칠어서 꼬마 관객들이 공감하지 못할 거라는 얘기였다. 만족스러운 결과가 나오지 않자 결국 디즈니는 〈토이 스토리〉 제작을 중단하겠다고 통보해왔다. 픽사로서는 마른 하늘에 날벼락 같은 일이었다.

제작 중단이라니, 말도 안 돼

스티브는 안팎으로 최악의 상황을 맞고 있었다. 그는 이미 넥스트 컴퓨터 문제로 언론의 심한 공격을 받는 중이었고, 이제 더 이상 억만장자가 아니었다. 자칫 잘못하면 가족이 살아갈 집과 최소한의 재산이라도 지킬 수 있는 방법을 궁리해야 하는 파산 직전의 사업가일 뿐이었다. 이런 상황에서 〈토이 스토리〉마저 중단되면 스티브는 한순간에 모든 것을 잃게 될 것이 뻔했다. 인정하고 싶지 않지만 명백한 패배가 그의 앞에 도사리고 있었다.

하지만 스티브는 포기할 수 없었다. 〈토이 스토리〉가 끝난다고 믿고 싶지 않았다. 그에겐 계약서가 있었고 디즈니는 이미 이 영화에 수백만 달러를 투자한 상태였다. 게다가 할리우드에서 제작 중단은 종종 있는 일이었다. 문제만 해결된다면 다시 제작에 들어갈 수도 있었다. 디즈니가 시나리오에 만족하지 않는다면 해결책을 찾으면 된다.

픽사 팀은 밤낮으로 고민에 고민을 거듭했다. 그리고 결국 해결책을 찾아냈다. 영화 초반에 우디의 성격을 이해할 수 있을 만한 장면을 몇 개 집어넣어서 관객들이 우디에게 감정이입을 할 수 있도록 한 것이다.

결국 카첸버그도 래스터와 작가진이 고치고 고친 시나리오에 만족해했다. 중단됐던 〈토이 스토리〉의 제작 일정이 다시 조정됐고, 디즈니는 제작비 지원을 재개했다. 만약 이때 토이 스토리 제작이 영영 중단됐다면 우리는 역사상 가장 위대한 3D 애니메이션을 보기 위해 좀 더 기다려야 했을지도 모른다.

○ 토이 스토리의 두 주인공, 카우보이 인형 우디(좌)와 최신 액션 인형 버즈(우). 토이 스토리는 세계 최초의 100퍼센트 컴퓨터 애니메이션 장편영화였다.

이제 픽사의 운명은 〈토이 스토리〉에 달려 있었다. 픽사는 전력을 다해 토이 스토리 제작에 매달렸다. 〈토이 스토리〉 제작에 참여한 사람들은 아주 특별한 애니메이션을 만들고 있다는 자부심을 가지고 있었다. 하지만 상황은 그리 낙관적이지 않았다. 넥스트는 망하기 일보 직전이었고 〈토이 스토리〉가 픽사를 살리려면 디즈니의 최근 흥행작을 훨씬 능가하는 수익을 올려야 했다. 그러려면 적어도 극장 수입으로 1억 달러는 벌어들여야 하는데, 이제 처음 장편 애니메이션을 만드는 입장에서 그런 기대를 한다는 것은 무리였다.

자금 상황을 해결할 묘책은 어디서도 보이지 않았다. 스티브는 계약할 때 로열티 수입을 디즈니에 전부 양보한 것을 뒤늦게 후회했다. 〈토이 스토리〉를 통해 재기에 성공할 수 있을지 아니면 실패의 나락으로 떨어질지 아직은 알 수 없었다. 어느덧 토이 스토리의 개봉이 이제 1년 앞으로 다가왔다.

픽사의 기업 공개로
다시 한 번 억만장자의
자리에 오르다

1995년 픽사는 〈토이 스토리〉의 후반 작업을 진
행하고 있었다. 3차원 컴퓨터 그래픽의 힘은 놀
라웠다. 〈토이 스토리〉의 장난감 주인공들은 실
제로 눈앞에서 살아 움직이는 것처럼 보였다. 이
애니메이션 제작에 참여한 모든 사람들은 이제껏 본 적이 없
는 대단한 애니메이션이 완성돼 가고 있다는 사실을 본능적
으로 느끼고 있었다.

물론 스티브도 〈토이 스토리〉에 잔뜩 기대를 걸고 있었다.
스티브는 한 인터뷰에서 "〈토이 스토리〉라는 이름을 기억해

두세요. 앞으로 그 이름을 많이 듣게 될 것입니다. 올해 가장 성공한 영화가 될 테니까요."라고 말하기도 했다.

이제 그의 인생에는 두 갈래 갈림길이 놓여 있었다. 〈토이 스토리〉가 예상대로 대성공을 거둬서 픽사가 할리우드에서 제대로 입지를 굳히는 길, 아니면 넥스트의 거듭된 실패에 이어 〈토이 스토리〉까지 쫄딱 망해서 도저히 회생 불가능한 인생을 살게 되는 길, 그는 극에서 극으로 바뀔 운명 앞에 놓여 있었다.

그럼에도 불구하고 스티브는 한 단계 더 도약하기로 마음 먹었다. 〈토이 스토리〉의 개봉을 앞두고 픽사의 기업 공개를 준비한 것이다. 늘 그렇듯이 그는 현실에 안주하기보다 모험을 택하는 쪽이었다. 스티브는 기업 공개를 통해 주식을 상장하면 픽사의 자금난을 해결할 수 있을 것이라고 기대했다. 그동안 자금 때문에 겪은 고생을 생각하면 지긋지긋할 정도였다. 물론 10년 동안 변변한 수익을 내지 못한 신생 스튜디오가 주식 시장의 문을 두드린다는 것은 상식적으로 어려운 일이었다.

"그건 말도 안 됩니다. 투자자들이 원하는 것은 수익을 남기는 회사예요. 몇 년간 성공적인 흑자를 기록하고 안정적인 경영을 보여주는 회사가 아니라면 기업 공개는 별 의미가 없습니다."

주식 상장을 위해 투자자를 물색할 때마다 스티브는 이런 조롱 섞인 조언을 들었다. 스티브라고 이 사실을 모를 리 없었다. 애플 컴퓨터도 주식을 공개하기 전에 3년 동안 꾸준히 안정된 수익을 올렸었다. 하지만 픽사는 그렇지 못했다. 지금까지 픽사는 수익을 내기는커녕 꾸준하게 손실을 보고 있는 회사였다. 그들이 가지고 있는 것이라곤 디즈니를 위해 애니메이션을 만든다는 계약서 달랑 한 장이 전부였다. 게다가 계약서에는 수입의 대부분을 디즈니가 가져간다고 되어 있었다. 여러 모로 상황이 불리했다.

하지만 스티브는 승부사였다. 그리고 픽사는 운이 좋았다. 1995년은 미국 주식 시장이 투기의 시기로 막 접어들던 무렵이었다. 월스트리트 투자자들은 컴퓨터와 인터넷이 미국 경제를 급속도로 바꿔놓을 것이라고 예측했고, 관련 기업의 주식을 사기 위해 눈에 불을 켜고 있었다. 그들은 수익성을 먼저 따져봐야 한다는 투자의 가장 기본적인 원칙도 무시하고 잠재적인 가능성이 있는 회사라면 일단 사고 보는 이른바 '묻지 마 투자'를 했다.

픽사에 대해 사람들이 관심과 신뢰를 가진 또 하나의 이유가 있다면 그건 바로 설득력 있고 카리스마 넘치는 CEO인 스티브 잡스 때문이었다. 스티브는 자신의 작은 애니메이션 기업을 '차세대 디즈니'라고 치켜세웠다. 픽사의 〈토이 스토리〉는 컴퓨터 그래픽만으로 100퍼센트 제작된 세계 최초의 장편 애니메이션이 될 터였다. 만약 영화가 개봉된 후에 기업을 공개한다면 엄청난 홍보 효과가 있을 것이 분명했다. 스티브는 타이밍의 귀재였다. 이런 기회를 놓칠 그가 아니었다. 그는 끈질긴 로비를 통해 기업 공개 일정을 〈토이 스토리〉 개봉 다음 주로 맞춰 놓았다. 영화의 흥행과 언론의 보도가 투자자들을 자극해주기를 바랐기 때문이다. 이제 만반의 준비가 되었다.

○

토이 스토리 성공으로 깨달은 것

1995년 크리스마스 시즌을 앞두고 토이 스토리가 개봉됐다. 영화는 연휴를 맞아 극장을 찾은 부모와 아이들의 열렬한 환영을 받았다. 관객들에게 이렇게 생생한 컴퓨터 애니메이션은 난생 처음이었다. 〈토이 스토리〉는 미국에서 거의 1억

● 1999년 11월 13일 토이 스토리 2의 프리미어 상영일의 스티브 잡스. 토이 스토리 1편의 성공으로 야심차게 준비한 후속작의 개봉에 스티브의 표정은 편안하고 개구지기까지 하다.

9,200만 달러를 벌어들여 할리우드가 만들어낸 역사상 100대 영화의 대열에 올랐다. 전 세계적으로는 3억 6,000만 달러가 넘는 총수입을 올렸다.

픽사의 대성공은 15년 전에 애플 컴퓨터가 그랬던 것처럼 주식을 상장해서 대박을 칠 수 있는 계기가 되었다. 픽사는 1990년대 중후반을 뜨겁게 달군 투기 열풍의 덕을 톡톡히 보았다.

스티브는 조지 루커스에게 애니메이션 그룹을 사들인 후 9년 동안이나 픽사를 힘겹게 이끌어왔다. 돈을 거의 벌어들이지 못하는 픽사를 유지하기 위해 그가 들인 돈은 5,000만 달러에 육박했다. 이 시기 동안 픽사 때문에 겪은 재정적 고통은 말로 다 할 수 없을 정도였다. 어느 인터뷰에서 그는 이렇게 말한 적이 있다.

"만약 픽사를 사들이던 1986년에 이렇게 돈이 많이 들 줄 알았다면 픽사를 사는 걸 다시 생각했을 겁니다."

하지만 〈토이 스토리〉가 성공한 이상 픽사는 이제 더 이상 돈 먹는 공룡이 아니었다. 기업 공개가 이뤄지고 나서 스티브는 지금까지 투자했던 금액 이상을 돌려받을 수 있었다. 픽사 주식의 출발 가격은 주당 22달러였지만, 주식 거래 첫날이 지나자 주당 39달러로 껑충 뛰었다. 스티브가 소유한 주식은 3,000만 주나 됐다. 그는 주가 급등으로 또 한 번 억만장자가 되었다.

그동안 자금을 조달하느라 허리가 휘어질 지경이었던 픽사는 단 한 번의 성공으로 할리우드에서 가장 주목받는 기업이 되었다. 오랜 시간을 인내하고 자금을 투자했던 스티브의 선택이 틀린 것이 아니었다는 사실이 세상에 증명된 셈이다.

이처럼 스티브는 항상 가능한 한 큰 꿈을 꾸었다. 세상에 놀랄 만한 것을 선보이고 싶다는 것이 스티브가 가지고 있던 일관된 열망이었다. 그는 작은 성공을 원하지 않았다. 그는 항상 혁신적인 제품을 선보이고 싶어 했고, 사람들의 고정관념을 뒤흔들 만한 대단한 것을 보여주고 싶어 했다. 그리고 마침내 그러한 열망이 하나하나 빛을 보고 있었다. 스무 살 때 인도에서 돌아오면서 막연히 꿈꿨던 것, 기술이 세상을 변화시키는 데 결정적인 역할을 할 수 있다는 것을 애플에 이어 픽사의 애니메이션으로 증명하고 있었다.

게다가 이즈음 스티브의 안목은 점차 확대되고 있었다. 컴퓨터 애니메이션에 관심을 돌리면서 그는 정말 중요한 것은 하드웨어나 소프트웨어가 아니라는 사실을 어렴풋이 깨달았

다. 정말 중요한 것은 사용자, 즉 관객의 경험이었다. 그것이
곧 콘텐츠였다.

이때부터 스티브는 기술적인 부분을 넘어선 자신의 강점
을 재발견하게 되었다. 스티브는 단순히 기술에만 머물지 않
고 사용자들의 입장에서 콘텐츠를 구현하는 일에 관심을 가
지게 되었다. 이제 스티브는 픽사를 통해 기술이 아니라 문화
를 선도하고 있었다. 픽사는 하나의 문화 현상이 되었다.

좌절 속의
'넥스트'가 다시
일어나다

픽사의 예술가들이 〈토이 스토리〉를 만들 동안
넥스트의 위기는 더욱 깊어졌다. 스티브는 망해
가는 회사를 살리기 위해 백방으로 노력했지만
역부족이었다. 더 이상 자기 돈을 투입할 여력이
없었다. 1993년 넥스트는 전체 인력의 절반이 넘는 280명의
직원을 해고해야 했다.

스티브는 회사의 파산을 막기 위해서 애플에서 그랬던 것
처럼 또 다른 매킨토시를 만들기 위해 온 힘을 쏟았다. 하지
만 그의 컴퓨터들은 하나같이 실용적이기보다는 예술작품에

가까웠다. 그는 컴퓨터를 살 때 대부분의 소비자들이 디자인보다는 가격을 중시한다는 사실을 여전히 무시하고 있었다. 그래서 스티브의 세련되고 우아한 컴퓨터보다 다른 회사의 투박하지만 저렴한 컴퓨터가 더 많이 팔리곤 했다.

하지만 최고의 품질을 향한 그의 열정이 꼭 나쁜 것만은 아니었다. 스티브는 넥스트의 컴퓨터뿐만 아니라 소프트웨어도 최고의 것을 쓰기를 원했다. 그래서 넥스트 컴퓨터에 들어가는 운영체제인 넥스트스텝NEXTSTEP은 실리콘밸리에서 알아주는 소프트웨어로 통했다. 한때 IBM이나 델, 컴팩 같은 회사가 자기들 컴퓨터에 이 운영체제를 설치하려고 넥스트에 접촉했던 적이 있다. 당시에 스티브는 넥스트를 소프트웨어 회사가 아니라 컴퓨터 제조 회사로 생각했기 때문에 모두가 탐내는 자신의 운영체제를 다른 회사에 팔지는 않았다.

하지만 넥스트 컴퓨터가 제대로 팔리지 않는 이상 이제는 방법을 바꿔야 했다. 소비자들은 컴퓨터는 싼 것을 쓰더라도 소프트웨어는 안정적이고 효율적인 것을 쓰기를 원했다. 말하자면 넥스트는 하드웨어보다 소프트웨어 쪽에 훨씬 더 경쟁력이 있었다. 고통스러운 시행착오를 숱하게 겪은 후에야 넥스트는 소프트웨어 개발 부문에서는 성공 가능성이 있다는 사실을 확인할 수 있었다. 비록 하드웨어 쪽은 인정받지 못했지만 말이다.

스티브는 회사 이름을 넥스트 컴퓨터에서 넥스트 소프트웨어로 바꾸고 넥스트스텝을 주력상품으로 내세웠다. 이 전략은 효과가 있었다. 1994년에 넥스트는 역사상 처음으로 수익을 올렸다. 스티브가 원래 꿈꾸었던 업계 최강자 자리에 오르기는 어려워보였지만 그래도 일단 회사를 살릴 수는 있게 되었다.

스티브가 가까스로 넥스트의 파산을 막아내고 있을 즈음, 애플은 점점 시장 점유율을 잃어가고 있었다. 길게 이어지던 흑자 행진은 차츰 속도가 떨어지다가 결국 적자로 돌아섰다. 애플은 1년에 10억 달러를 잃고 있었고, 이사회는 필사적으로 합병할 만한 회사를 물색했지만 관심을 보이는 곳은 한 군데도 없었다.

애플이 이렇게 고전을 면치 못하고 있을 때, 경쟁사인 마이크로소프트는 윈도우즈95를 출시했다. 그것은 애플의 그래픽 사용자 인터페이스와 견줄 만큼 괜찮은 운영체제였다. 애플은 마음이 급했다. 파산을 면하려면 빨리 소프트웨어를 업그레이드해서 윈도우즈95와 경쟁을 해야 하는데, 그러기가

미래의 아이콘을 꿈꾸는 세계 청소년의 롤모델 **스티브 잡스 이야기**

쉽지 않았다. 애플은 새로운 운영체제를 개발하는 대신 다른 회사에서 좋은 운영체제를 구입하기로 결정했다. 그때 눈에 들어온 것이 바로 넥스트스텝이다.

○

애플이 내게 다시 손을 내밀다니

애플이 넥스트스텝에 관심을 보인 것은 스티브에게 생각지도 못했던 굉장한 기회로 다가왔다. 그는 가까스로 넥스트의 파산을 막아냈지만 회사의 전망은 그다지 밝지 않았다. 넥스트스텝을 판매하면 회사야 겨우 목숨을 부지할 수 있겠지만 그렇다고 넥스트가 소프트웨어 업계의 최고가 될 만한 회사는 아니었다. 언제나 세상을 놀라게 할 만한 대단한 영향력을 행사하고 싶었던 스티브에게 넥스트는 뭔가 아쉽고 성에 차지 않는 회사였다.

그런데 자신이 창업했던 회사, 그리고 자기를 쫓아냈던 회사 애플이 넥스트스텝을 원하고 있는 것이다. 게다가 애플은 몇 년 동안 침체의 늪에서 허우적대고 있었다. 현재의 애플에는 새로운 사고와 창의적인 마인드가 절실하게 필요했다. 만약 애플과 넥스트가 손을 잡는다면? 서로의 문제를 한 번에 해결할 수 있을지도 모른다. 애플 임원진들과 만난 자리에서 스티브는 당시 애플 CEO였던 질 아멜리오의 눈을 똑바로 쳐다보며 이렇게 말했다.

"만약 넥스트가 애플에 도움이 될 만한 게 있다면 저는 무슨 거래든 할 준비가 되어 있습니다. 소프트웨어를 사고 싶으면 그렇게 하시고, 아예 회사를 통째로 사고 싶으면 그렇게 하세요. 원하는 것은 뭐든지 말씀해 보십시오. 장담하건대, 조금만 자세히 살펴보면 그냥 소프트웨어를 사는 것보다 넥스트 기업과 그 안의 사람들 전체를 데려가는 것이 훨씬 이득이라는 것을 알게 될 겁니다."

이제 겨우 숨통이 트인 넥스트를 팔겠다는 스티브의 생각은 대단히 도전적인 것이었다. 하지만 그것은 애플에게도 유혹적인 제안이었다. 단 한 번의 거래로 애플은 필요한 운영체제는 물론이고 신제품을 개발할 수 있는 유능한 프로그래머 팀까지 덤으로 얻게 될 것이다. 게다가 더 중요한 것은 스티브 잡스가 다시 애플의 식구가 될 수도 있다는 사실이었다. 그 사실이 알려지면 분명 아우성치는 주주들의 불만을 잠재울 수 있을 것이었다. 아멜리오는 침묵을 깨고 물었다.

미래의 아이콘을 꿈꾸는 세계 청소년의 롤모델 **스티브 잡스** 이야기

"넥스트를 매입하려면 얼마면 되겠소?"

스티브는 숨을 몰아쉬었다. 자신이 창업한 회사를 떠난 지 20년 만에 다시 애플로 복귀하려는 순간이었다.

"4억 3,000만 달러 정도면 어떻겠습니까?"

결국 추가협상을 거친 후 스티브는 3억 7,750만 달러와 애플 주식 150만 주를 받고 넥스트를 애플에 넘기는 데 합의했다. 예상대로 이 거래는 언론의 상당한 주목을 받았다. 자기가 세운 회사에서 유배당한 지 20년 만에, 숱한 고초를 겪던 그가 다시 애플로 돌아온 것이다.

8장

애플로
다시
돌아오다

10년 동안
애플은 달라질 대로
달라지고

스티브는 연봉 1달러를 받는 조건으로 애플에 복귀했다. 돈이 아니라 순수하게 자신이 만든 회사를 구하기 위해 돌아온 것이라는 뜻을 명확히 하기 위해서였다. 게다가 CEO라는 직함 앞에는 '임시'라는 타이틀을 고집했다. 언제고 적임자가 나타나면 그 자리를 넘겨주겠다는 의도였다.

그러나 스티브가 보기에 지도부는 갈팡질팡하고 있었다. 분기마다 수억 달러를 손해보고 있었지만 해결 방법은 보이지 않았다. 스티브는 지난 10여 년간 비대한 관료조직으로 변해버린 애플을 보고 암담함을 느꼈다. 자기가 세운 애플이 눈 앞에서 좌초되는 꼴을 그냥 보고만 있을 수는 없었다. 변화가 시급했다. 그는 자신이 주도권을 쥐고서 수렁에 빠진 애플을 구해야겠다고 마음먹었다.

스티브는 일단 이사회의 핵심 인물인 울라드에게 "아멜리오는 애플의 실적을 올리지 못할 것"이라고 귀띔하여 해고하도록 부추겼다. 당시 아멜리오는 최선을 다하고 있었다. 사실 그의 구조조정 정책과 재고 축소 방안 등이 조금씩 실효를 거두고 있을 때였다. 그러나 뚜렷한 성과가 없어 조급해하던 이사회는 스티브의 이야기에 흔들리고 말았다.

결국 스티브가 돌아온 지 얼마 되지 않아 아멜리오는 결국 애플에서 물러나야 했다. 그리고는 수주일 내에 스티브는 많은 임원들을 사퇴시켰다. 그중에는 초창기 멤버이자 자신을 애플에서 몰아내는 데 일조했던 마쿨라도 포함되었다. 마쿨라가 자신에게 했던 그대로 되갚아 준 셈이다.

스티브가 애플에 다시 복귀하기로 했을 때, 그는 애플이 얼마나 열악한 상황인지 몰랐다. 애플은 늘 세련되고 우아한 디자인으로 승부를 걸었다. 하지만 일반적인 사무용 컴퓨터 시장에서 스타일은 그렇게 중요하지 않았고, 애플은 경쟁에서 밀려날 수밖에 없었다.

그러나 더 심각한 건 애플의 직원들이었다. 그들은 이미 열정이 바닥난 상태였다. 너무 오랫동안 패배자라는 소리를 들은 나머지 자기비하에 빠져 있었다. 이제 애플에는 열정도, 가슴을 뛰게 만들 비전도 없었다. 스티브는 자신이 그만둔 후 모든 것이 사라진 애플의 기업 문화를 다시 살리고 미래를 보여줘야 했다. 어떻게든 이 분위기를 쇄신해야만 했다.

한 배를 탄 운명이란 것을 기억해

애플을 떠나 넥스트와 픽사를 운영하면서 스티브는 한 가지 깨달은 것이 있었다. 사업이란 결국 팀원 한 사람 한 사람이 그들의 위치에서 제 역량을 힘껏 발휘할 때 제대로 굴러간다는 사실이었다. 스티브는 가장 먼저 애플 직원들의 사기를 북돋아주어야 한다고 판단했다. 스톡옵션을 재조정하고 전 직원이 소속감을 느낄 수 있도록 주식을 보너스로 제공하겠다고 약속했다. 직원 모두가 한 배를 탄 운명이라는 것을 강조하면서 스스로 회사의 주인이라는 사실을 잊지 않도록 하기 위해서였다.

전임 CEO들은 하나같이 애플의 자유분방한 문화를 이해하지 못했고 직원들을 휘어잡지도 못했다. 애플의 문화를 완전히 통제할 수 있는 사람은 그 문화를 만들어낸 당사자, 스티브 잡스뿐이었다. 스티브는 지난 10년간 정체된 애플의 문화를 바꾸는 데 열정을 쏟았다. 그의 완벽주의 성향은 시시콜콜한 것 하나까지 컨트롤하기 시작했다. 그가 전 사원들에게 보낸 메일에는 이런 내용도 들어 있었다.

"회사에 개를 데려와서는 안 됩니다. 담배도 절대 금지입니다."

애플의 철통정치가 다시 시작됐다. 스티브는 외부와의 접촉도 철저하게 통제했다. 애플에는 희한한 사내 문화가 있었는데, 그건 내부 정보를 아무렇지 않게 흘리는 것이었다. 스티브는 지난 10년간 호된 시련을 겪으면서 언론의 변덕과 이기심을 조심해야 한다는 교훈을 얻었다. 매스컴과는 일정한 거리를 유지하는 것이 최선이었다. 그는 직원들에게 만일에 내부 정보를 흘린 것이 발각되면 퇴사를 시키는 극단의 조치도 서슴지 않겠다고 말했다.

스티브는 자신이 돌아온 이상 애플은 지금까지와 완전히

달라야 한다고 생각했고, 새로운 캠페인을 벌였다. 초창기 애플에 있을 때도 스티브는 '해적이 되자' '여행은 그 자체로 보상이다'와 같은 구호를 만들어냈고 그것이 애플의 사내 문화이자 정신이 되었다. 말하자면 스티브는 기업의 문화에 생명력을 불어넣는 몇 안 되는 CEO였다.

스티브는 항상 이미지의 힘을 중시했다. 애플 컴퓨터는 따분하고 보수적인 컴퓨터 산업에서 똑똑하고 개성 넘치는 이단아의 역할을 자청해왔다. 그것은 소비자들에게 애플 제품이 세련되고 첨단을 달리는 제품이라는 인식을 심어주었다. 그런데 스티브가 자리를 비운 사이 애플은 스스로 그 이미지를 갉아먹고 있었다.

이제 때 묻은 옷을 벗고 새롭게 거듭나야 할 시점이었다. 스티브는 애플의 전설적인 '1984년' 광고를 제작했던 마케팅 회사를 다시 끌어들였다. 그들은 '다르게 생각하라Think Different'는 슬로건을 고안해냈고, 그것으로 애플이 이전과는 확 달라진 모습으로 혁신을 일으키고 있다는 인상을 심어줄 수 있었다. 이미지가 창출해내는 보이지 않는 수익을 익히 알고 있는 스티브는 연간 1억 달러에 이르는 광고비를 아낌없이 투자했다.

때론 내 살을 떼어내는 결단이 필요하지

1997년 스티브는 또 하나의 중대한 결정을 내렸다. 오랜 숙적인 마이크로소프트와 제휴를 하기로 결심한 것이다. 단기간에 회사를 되살리기 위해서는 적과도 손을 잡을 수 있다는 것이 스티브의 생각이었다.

마이크로소프트는 애플의 사용자 위주의 인터페이스를 채용할 권리를 원했고 스티브는 자금이 필요했다. 마이크로소프트로부터 1억 5,000만 달러의 투자를 이끌어냄으로써 협상은 이루어졌다. 아멜리오는 마이크로소프트와 계약하는 일만큼은 피하려고 애썼지만 스티브는 애플의 지적재산을 눈 하나 깜짝 하지 않고 마이크로소프트에 팔아넘겼다. 이 일은 애플 추종자들에게 차가운 비난을 받았다. 그들에게 이 결정은 애플이 빌 게이츠 앞에 무릎을 꿇는 것으로 보였기 때문이다. 그러나 스티브는 아랑곳하지 않았다. 그는 오히려 이렇게 말하고 다녔다.

"과거를 떠올릴 시간이 있으면 미래를 보십시오."

이런 냉철한 현실감각을 바탕으로 스티브는 애플을 다시

정상 궤도에 올려놓았다. 1998년 1월 샌프란시스코에서 열린 맥월드 엑스포에서 스티브는 평소와 다름없이 기조연설을 펼쳤다. 연설을 마치고 돌아서던 스티브는 마치 깜빡한 것이 있다는 듯이 이렇게 말했다.

"참, 잊을 뻔 했군요. 애플은 이제 흑자로 돌아섰습니다."

복귀한 지 불과 몇 달 만에 애플이 멋지게 회생한 것이다. 스티브가 애플로 돌아온 2년 반 동안 애플의 총 자본은 20억 달러 미만에서 160억 달러 이상으로 증가했다. 이사회는 감사의 표시로 스티브에게 두 가지 선물을 준비했다. 시가 8억 7,000만 달러에 이르는 애플 주식 1,000만 주와 개인전용 비행기 걸프스트림 V제트비행기였다. 스티브는 그때까지도 연봉 1달러를 고수하고 있었다. 회사의 수익이 높아지면서 이사회는 스티브에게 매년 거액의 연봉과 애플 주식을 제시했지만 스티브는 언제나 단칼에 거절해왔다. 이사회는 스티브에게 이 정도는 받을 만한 자격이 있다고 설득했고 스티브는 그때서야 겨우 그 선물을 기쁘게 받아들였다.

스티브는 창업으로 엄청난 부자가 된 사람을 많이 보아왔다. 그 자신도 그런 사람 중의 하나였다. 그러나 그는 돈 때문에 움직이지는 않았다. 돈은 그의 열정을 불러일으키는 동력이 아니었다. 스티브가 다른 부자들과 달랐던 것은 자신이 가장 보람을 느끼는 일을 꾸준히 추구했다는 점이다. 그는 언젠가 이렇게 말한 적이 있다.

"저는 스물셋이란 나이에 백만장자가 되었습니다. 그리고 스물넷에는 억만장자가 되었죠. 하지만 스물다섯이 되었을 때는 그런 것들이 전혀 중요하지 않더군요. 저는 돈을 위해서 일한 게 아니기 때문입니다."

실제로 그는 무덤에 들어가 있는 것처럼 자기 돈을 꽁꽁 쥐고 있는 부자들에게는 관심이 없다고 했다. 그는 오로지 잠자기 전에 "우린 놀라운 일을 해냈어!"라고 말할 수 있는 인생을 사는 게 가치 있다고 생각하는 사람이었다. 그래서 어느 해 맥월드 기조연설에서 스티브는 이런 말을 했다.

"날마다 회사에 가면, 애플이든 픽사든 나는 전 세계에서 가장 뛰어난 사람들과 일합니다. 그것이야말로 세상에서 제일 멋진 일입니다."

뛰어난 인재들과 함께 세상을 바꾸는 일, 우주에 충격을 주고 사람들을 감동시키는 일, 그런 일들이야말로 스티브를 움직이게 하는 가장 큰 동력이었다.

아이맥을
개발하다

스티브는 애플로 다시 돌아올 때 자신이 이 정체된 컴퓨터 산업을 되살리겠다는 야심찬 계획을 세웠다. 스티브가 보기에 컴퓨터 산업은 아직 걸음마 단계에 머물러 있었고 혁신을 일으킬 수 있는 가능성이 무궁무진했다. 그는 자신이 해야 할 일을 잘 알고 있었다.

스티브는 연구개발 부문에서 낭비 요소를 먼저 제거하기로 했다. 새로운 일을 추진하려면 낭비되는 전력을 하나로 모을 필요가 있었다. 그러자면 주력해야 할 품목과 과감히 삭제

해야 할 프로젝트를 철저하게 가려내야 했다.

"당신의 팀이 우리 회사에 어떤 가치가 있는지 한번 설명해 보시오."

스티브는 각 부서의 책임자들을 만나 이렇게 요구했다. 그리고는 소비자들의 이목을 끌 확실한 제품을 개발하는 팀만 관심을 보였다. 그 결과 애플에서 개발 중이던 50여 개의 신제품 중에서 가장 유력해 보이는 10개의 프로젝트만 남기고 모두 폐기되었다.

스티브는 애플을 새롭게 부각시켜줄 제대로 된 물건을 찾는 데 온 관심을 집중했다. 대중의 요구를 충족시키면서도 혁신적인 디자인으로 사람들을 사로잡을 컴퓨터가 필요했다. 당시 소비자들 사이에는 인터넷 물결이 일고 있었는데, 스티브는 애플도 재빨리 이 물결에 합류해야 한다는 사실을 간파했다. 그때 그의 눈에 들어온 것이 매킨토시였다. 매킨토시에 인터넷 사용기능을 강화한다면 소비자들을 단숨에 끌어들일 수 있지 않을까? 그 예감은 적중했다.

스티브는 그 제품에 아이맥iMac이라는 이름을 붙였다. 아이맥은 '인터넷 매킨토시internet Macintosh'의 줄임말이다. 아이맥은 스티브가 늘 입버릇처럼 말하던 혁신적인 제품이었다.

일단 구성 자체가 달랐다. 기존의 퍼스널 컴퓨터들은 애플Ⅱ가 나온 이래 본체와 모니터를 분리시킨 천편일률적인 디자인에서 벗어날 줄을 몰랐다. 그러나 아이맥은 획기적으로 기판이나 모뎀뿐만 아니라 스피커, 모니터까지 본체에 통합시켜 버렸다. 고객들이 이용하는 데 필요한 모든 장치가 플라스틱으로 된 달걀 모양의 케이스 안에 모두 내장된 일체형 컴퓨터였다.

사람들은 이 제품을 사용하기 위해 별다른 설치작업 없이 플러그만 꽂으면 됐다. 컴퓨터를 처음 접하는 초보자들도 헤맬 필요 없이 마음껏 인터넷 항해를 즐길 수 있다는 사실이 아이맥의 가장 큰 강점이었다.

아이맥은 또 하나 남다른 특징이 있었다. 플로피 디스크˚ 드라이브 대신 CD롬˚˚ 드라이브를 장착했다는 점이다. 지금이야 USB 메모리˚˚˚를 비롯해 각종 외장형 하드 디스크가

˚ 컴퓨터 외부기억매체의 하나로 이동할 수 있는 형태의 디스크.
˚˚ 지름이 12센티미터인 음악용 시디를 이용해 정보를 기억시키고, 저장하고 검색할 수 있는 컴퓨터 데이터 저장기구.
˚˚˚ USB 포트에 꽂아 쓰는 플래시 메모리를 이용한 이동형 저장 장치. 크기가 작고 가벼워서 휴대하기도 매우 간편하다.

쏟아져 나오고 있지만 당시만 해도 이동식 파일 저장 장치는 플로피 디스크가 유일했다.

"도무지 쓸모도 없고 본체의 디자인만 망치는 이 플로피 디스크 드라이브가 왜 있어야 하는 거지?"

스티브는 그게 늘 불만이었다. 대체 1메가바이트* 밖에 안 되는 용량으로 어떤 데이터를 보관하겠다는 것인지 이해할 수가 없었다. 그는 만약 파일을 저장해서 들고 가야 할 일이 생긴다면 인터넷으로 파일을 전송하면 된다고 주장했다. 게다가 많은 회사들이 소프트웨어를 CD롬에 담고 있었다. 그 편이 성능이 더 좋을 뿐 아니라 값도 쌌다. 스티브는 어느 모로 보나 당연히 CD롬 드라이브가 훨씬 효율적이라고 판단했다. 하지만 플로피 디스크 드라이브를 없애겠다는 파격적인 결정은 당시 주변 사람들을 불안하게 했다. 그러나 스티브는 사람들의 충고나 비난에 귀 기울이는 대신 자기 생각을 고집스럽게 밀어붙였다.

"플로피 디스크 따위는 잊어버리세요. 그건 과거의 유물

* 주로 기억 용량을 나타내는 정보량의 단위.

일 뿐입니다."

과연 스티브의 판단은 옳았다. 실제로 요즘 컴퓨터에서 플로피 디스크의 흔적은 찾아볼 수도 없다.

○

창조하는 사업가를 꿈꾼 것뿐이야

스티브는 이처럼 시대를 앞서가는 눈치 빠른 전략과 감각을 지니고 있었다. 항상 사용자의 입장에서 생각했고 불필요하다고 생각하는 것은 과감히 뺐다. 또 필요한 것은 어떻게든 집어넣었다. 그렇다고 그가 시장 조사를 따로 한 것은 아니다. 오래전 매킨토시 마케팅 담당자는 이렇게 말했다.

"애플의 시장 조사는 매일 아침 스티브가 거울을 보며 자문자답하는 것이 전부입니다."

말하자면 스티브는 언제나 스스로 생각했다. 시장 조사를 하고 대중의 요구를 취합해서 제품을 고안한다면 분명 좋은 제품을 만들 수는 있을 것이다. 그러나 독창적인 신제품을 만들겠다고 생각한다면 시장 조사는 오히려 독이 될 수도 있다. 대중의 요구를 지나치게 참고하면 상상력이 제한되고 혹시 잘못된 시도를 하는 게 아닐까 불안에 휩싸이기 때문이다.

보다 능동적인 사업가들은 소비자들이 불만을 터뜨리기 전에 시대를 앞서 내다보고 획기적인 상품을 내놓는다. 그러면 대중은 그 독창적인 상품 앞에서 전에는 알지 못했던 즐거움을 만끽하면서 '그래, 내가 찾던 것이 바로 이거야!' 라며 열광하는 것이다. 그래서 시장 조사의 필요성에 대해 이야기하면 스티브는 늘 이렇게 말하곤 했다.

"벨이 전화를 발명할 때 시장 조사를 했을까요? 천만에요. 사람들은 우리가 그것을 눈앞에 내놓기 전까지는 자기들이 무엇을 원하는지 정확히 모릅니다."

스티브는 사업가도 예술가처럼 스스로 창조하는 능력을 갖춰야 한다고 생각했다. 보이는 수요를 따라가면 언제나 한발 늦는다. 고정관념에서 벗어난 자유로운 상상력과 재빠른 행동력, 그는 이것을 모두 갖춘 보기 드문 사업가였다.

물론 선구자적 모험에는 실패도 따른다. 스티브도 숱한 실패를 반복해왔다. 그러나 실패를 두려워했다면 지금의 애플은 존재하지도 않았을 것이다. 스티브는 과거를 돌이킬 때마다 사업가보다는 예술가로서, 그리고 미래에 대한 비전으로 자신의 인생을 설명하곤 했다.

"나의 롤모델은 밥 딜런입니다. 밥 딜런과 피카소는 언제나 실패를 두려워한 적이 없었죠. 누군가 실패의 위험을 무릅쓰고 자신이 원하는 일을 계속한다면 그는 여전히 예술가입니다. 저 역시 실패할까봐 혹은 실패했기 때문에 하고자 하는 일을 멈춘 적은 없습니다."

애플에 다시 복귀한 후 프로젝트를 진행하는 스티브의 태도도 달라졌다. 과거에 애플에서 프로젝트를 진행할 때 그는 모든 수단을 동원해서 기대감을 부풀리고 호언장담을 했었다. 그러나 이번에는 아이맥 프로젝트를 비밀에 부치고 조용히 진행시켰다. 터무니없는 매출에 대한 예측도 삼갔고 우주를 놀라게 할 만한 대단한 제품이라는 큰소리도 치지 않았다. 철저히 보안을 유지했기 때문에 아이맥이 그 베일을 벗기 전까지 애플 직원들조차 몰랐을 정도다. 스티브는 이제 과거의 실수를 통해 배우는 중이었다.

●

애플의 두 번째 도약을 이뤄냈어

1998년 5월 베일에 쌓여있던 아이맥이 출시되었다. 이 신형 컴퓨터의 판매는 실로 놀라웠다. 첫 6주에만 25만 대가 넘는 아이맥이 팔려나갔다. 그해 말에는 그 수치가 80만 대로 늘어났다. 애플의 자체 조사에 따르면 아이맥을 구입한 사람들 중 30퍼센트가 아이맥을 자신의 첫 컴퓨터로 선택했다고 한다.

아이맥은 초보 컴퓨터 사용자들을 디지털 세계로 안내하는 첫 관문이 되었다. 기존 구매자들은 그들이 갖고 있는 예전 매킨토시를 대체하거나 보완하기 위해 아이맥을 구입했다. 아이맥은 광범위한 소비자들의 입맛을 충족시키며 1년을 갓 넘기는 동안 200만 대 이상의 매출을 올리는 기염을 토했다.

애플은 그밖에도 몇 개월마다 운영체제 업그레이드 작업을 지속했고, 아이맥의 자매품 격인 노트북 아이북도 출시했다. 아이북은 무선 네트워킹 옵션이 가능했기 때문에 고객들의 찬사를 한 몸에 받았다. 이처럼 스티브는 상품에 영혼을 불어넣을 줄 아는 사람이었고, 회사에 비전을 제시할 줄 아는 사람이었다. 스티브가 마이크로소프트를 좋아하지 않았던 이유는 단순히 경쟁사라서가 아니라 제품에 취향이 없기 때문이었다.

한 인터뷰에서 스티브는 다음과 같이 지적한 적이 있다.

"마이크로소프트의 문제는 '맛'을 가지고 있지 않다는 것

○ 1998년 5월 애플이 새롭게 선보인 아이맥 앞에서 포즈를 취하고 있는 스티브 잡스. 아이맥은 그동안의 디자인에서 벗어난 일체형의 혁신적인 컴퓨터였고 놀라운 매출을 기록으로 남겼다.

입니다. 여기서 말하는 '맛'이란 단순히 '느낌'을 의미하는 것이 아닙니다. 제품에 광범위한 영역의 생기를 불어넣는 것을 의미하죠. 마이크로소프트는 자신만의 생각을 하지 않고, 자신만의 생각을 제품에 담지 않습니다."

그리스의 미다스 왕은 만지는 모든 것을 황금으로 변화시켰다면 스티브는 전자 제품에 영혼을 불어넣을 줄 아는 사업가였다. 이제 애플은 또다시 컴퓨터 산업에서 자신의 입지를 굳혀가고 있었다. 성공적인 도약이었다.

MP3 시장에
주목하다

스티브가 애플의 임시 CEO로 취임하면서 생산 라인을 없앴던 제품 가운데 하나는 세계 최초의 PDA *인 뉴턴이었다. 각 업체마다 새로운 PDA 제작에 혈안이 되어 있는 시점에서 애플의 뛰어난 PDA 제품인 뉴턴이 생산을 중단한 것은 시대를 역행하는 결정이라고도 볼 수 있었다. 그러나 스티브는 언제나 그랬듯

---

* 개인 정보를 관리하거나, 컴퓨터와 정보를 주고받을 수 있는 휴대용 컴퓨터. 손으로 정보를 직접 써서 입력받을 수 있고, 무선 인터넷도 가능하다.

이 다른 사람의 의견에 귀 기울이기보다는 자신의 직관을 따랐다. 그는 주의 깊게 세상을 관찰했고 스스로 통찰력 있는 결론을 내렸다.

그가 뉴턴의 제작을 중단한 것은 PDA가 사양 산업[*]이라는 판단 때문이었다. 스티브는 소수에게나 필요한 제품을 만들기 위해 투자하는 건 시간 낭비라고 생각했다. 그는 보다 대중적인 걸 원했다. 많은 사람들의 감성을 자극하고 그들의 일상을 완전히 뒤바꾸어 놓을 혁명적인 제품, 그것만이 스티브에게 가치가 있었다.

스티브는 애플과 디지털 문화의 최전선에서 새로운 활력을 불어넣을 전혀 색다른 시도를 하고 싶었다. 최첨단 기술과 인터넷을 매킨토시 생산라인과 접목시키면서도 뭔가 색다른 어떤 것, 전혀 새로운 무언가가 필요했다. 그럴 기회가 오기만 한다면 절대로 놓치지 않을 작정이었다. 그는 먹이를 기다리는 맹수처럼 조용히 시대의 흐름을 주시했다.

스티브가 새로운 아이템을 찾느라 혈안이 되어 있을 때 한 측근이 사운드잼MP^{**}라는 소프트웨어를 찾아냈다. 이땐 아직 휴대용 MP3플레이어가 나오기 전이었다. 사운드잼은 파일을 전환하는 복잡한 과정을 한 방에 해결해 시장에서 대단한 인기를 끌고 있었다. 사운드잼의 제작사인 캐스티 앤 그린 C&G는 이 프로그램으로 연간 550만 달러의 수익을 거둬들이고 있었다.

음악광으로 소문난 스티브에게 그것은 몹시 탐나는 제품이었다. 스티브는 밥 딜런이 자신의 롤 모델이라고 공공연히 말하고 다닐 만큼 음악에 남다른 열정이 있었다. 그런 그가 음악 시장에 눈을 돌린 것은 어쩌면 당연한 일인지도 모른다. 그는 문화를 시장에 끌어들일 기회를 틈틈이 엿보고 있었다.

스티브는 음악 시장이 아직 개발되지는 않았지만 엄청난 잠재력을 지니고 있다고 판단했고 긍정적으로 검토하고 있었다. 그런 그에게 사운드잼의 발견은 금맥을 찾은 것이나 다름없었다. 스티브는 사운드잼을 손에 넣고 싶었다. 그러나 더 원했던 것은 그 프로그램을 만든 개발자를 끌어들이는 일이었다. 그도 그럴 것이 스티브는 언제나 최고의 엔지니어들과 일하는 것을 자랑으로 여겨왔었다. 스티브는 또다시 이 뛰어

---

* 사회, 경제, 기술 혁신 등의 변화에 대응하지 못하고 쇠퇴하여 가는 산업.
** 컴퓨터에서 디지털 음악 파일을 재생시키는 소프트웨어로써 애플의 계열 회사인 캐스티 앤 그린(C&G)의 제품.

애플로 다시 돌아오다

난 엔지니어와 함께 애플만의 굉장한 음악 소프트웨어를 만들어내겠다고 마음먹었다.

스티브는 사운드잼 엔지니어에게 거절할 수 없는 제안을 했고 결국 자신이 원하는 것을 얻어냈다. 사운드잼을 만든 개발자뿐 아니라 캐스티 앤 그린의 품질 보증 팀원, 개발팀장까지 통째로 자신의 팀으로 끌어들인 것이다. 이제 스티브는 새롭게 꾸려진 팀원들과 함께 누구도 디딘 적 없는 신대륙을 개척할 만반의 준비를 갖추었다.

좋아, 이번엔 음악이야

세상은 급속도로 변하고 있었다. 첨단기술이 발달하면서 사람들의 생활양식도 조금씩 달라져 갔다. 인터넷이 발달하면서 엔터테인먼트 산업의 지형도 크게 달라졌다. 스티브는 그중 음원을 불법 다운로드 받는 현상에 주목했다.

1990년대는 월드와이드웹°이 폭발적으로 확산되던 시기였다. 이런 변화와 맞춰 사람들은 웹을 통해 음악을 공유하기 시작했다. 그러다가 MP3가 음악 파일을 압축하는 표준 기술로 등장하면서 인터넷 음악 세계를 평정했다. 원래 'MP'는 'MPEGMotion Picture Expert Group'의 약자로 비디오 신호를 압축해 장편영화를 CD 한 장에 담기 위해 기술을 개발했던 그룹을 의미했다. 그들이 개발한 압축 방법 중에서 세 번째가 가장 만족스럽다고 해서 우리가 지금 사용하고 있는 MP3라는 이름이 붙여졌다. MP3는 영화를 CD 한 장에 담기에는 역부족이었지만 음악 파일 압축에는 안성맞춤이었다. MP3 압축 기술로 인해 인터넷 음악 세계는 더욱 활기를 띠게 되었다.

그러나 초창기 인터넷에서 음악을 다운로드하는 것은 불편하기 짝이 없는 일이었다. 사이트가 불안정한 탓에 곧잘 먹통이 되거나 속도가 아주 느렸다. 음악 목록도 다양하지 못해서 원하는 음악을 찾는 데 한참이나 걸렸다. 그리고 1999년 당시 열아홉 살이던 미국의 한 남학생이 이 불편함을 해소하기 위해 직접 프로그램을 만들었다. 그것이 이후에 어마어마한 파장을 불러일으킨 '냅스터Napster'다.

냅스터는 다른 인터넷 사용자들의 컴퓨터를 마치 자신의

---

* 동영상이나, 음성 따위의 각종 멀티미디어를 이용하는 인터넷을 이르는 말.

것처럼 공유하며 직접 음악 파일을 찾아 다운을 받을 수 있는 실시간 프로그램이었다. 그것은 음악을 마음껏 나눠 가지고 싶어 하던 인터넷 사용자들에게 선풍적인 인기를 끌었다. 며칠 만에 1만 명이 넘은 사람들이 냅스터를 다운 받았고, 순식간에 퍼져나가 다음 해에는 3,200만 명이 사용자로 등록했다.

이 일은 당연하게도 음반업계의 심기를 불편하게 만들었다. 음악을 무료로 교환하는 행위는 음반 회사의 수익을 갉아먹는 것임과 동시에 음악가들의 인세를 훔치는 것과 다름없는 일이었다. 일부 예술가들은 자신들의 노력에 대한 정당한 보수를 강탈했다며 냅스터를 상대로 저작권 침해 소송을 냈다. 그중에는 유명한 헤비메탈 그룹 메탈리카와 랩 가수 닥터 드레 같은 유명한 아티스트들도 있었다. 사건이 이쯤 되자 미국음반산업협회RIAA도 전면으로 나서 소송을 걸기 시작했다. 결국 법원은 이들의 손을 들어주었다. 냅스터가 저작권을 명백히 침해하고 해당 자료를 해적질할 수 있도록 조장했다는 판결이었다. 냅스터는 곧 폐쇄되었다.

그러나 이 재판으로 해결된 것은 아무것도 없었다. 냅스터라는 사이트만 사라졌을 뿐 공공연하게 퍼진 디지털 음악 파일 공유를 막을 도리가 없었기 때문이다. 보다 근본적인 개선

방안이 필요했다. 소비자들이 편리하게 디지털 방식으로 음악을 다운로드 받으면서도 그 때문에 음반업계나 예술가들이 피해를 받지 않을 새로운 방법 말이다.

이 사태를 조용히 관망하던 스티브 역시 해법을 궁리하고 있었다. 픽사의 눈부신 성공을 직접 목격한 스티브는 이제 더 이상 컴퓨터 산업에만 머물 생각이 없었다. 그동안은 디자인이 예쁜 컴퓨터를 만드는 일에만 관심이 있었지만, 이제 세상의 흐름을 재빨리 읽고 발 빠르게 사업 영역을 넓혀가는 일이 가능하다는 것을 알고 있었다.

세상이 원하는 것을 만들고 싶고, 그것으로 세상을 놀라게 하고 싶다는 스티브의 오랜 열망은 또 다시 개척할 영역을 발견했다. 그것은 무료 다운로드를 현실화시키면서 예술가들도 설득할 수 있는 묘수여야 했다. 스티브는 이것으로 세상을 바꿀 수도 있을 거라는 감이 왔다. 만들기만 한다면 수요는 폭발적일 것이라 확신했다. 시장은 이미 형성되어 있었다.

애플로 다시 돌아오다

9장

음악의
혁명을
주도하다

아이팟을 출시하고 아이튠스라는 뮤직 스토어를 출범시키다

2001년에 애플사는 사람들이 음악을 감상하는 방식에 혁명을 일으킬 두 개의 신제품을 내놓았다. 하나는 아이튠즈* 라고 불리는 소프트웨어로 CD에서 노래를 복사해 컴퓨터로 들을 수 있는 프로그램이었다. 아이튠즈의 출시에 이어 작지만 강력한 디

---

* 애플사가 만든 멀티미디어 플레이어 및 아이팟용 동기화 프로그램. 컴퓨터 내의 음악과 동영상을 관리하고, 아이튠즈 스토어에 접속하여 음악이나 뮤직 비디오, 영화 등을 구매할 수 있다. 또 CD에 있는 음악을 컴퓨터로 옮길 수 있다.

지털 미디어 플레이어인 아이팟이 등장했다. 호주머니 크기의 아이팟 하나면 있으면 누구나 1,000개의 노래를 담아가지고 다니면서 어디서든 음악을 들을 수 있었다.

물론 이 두 제품이 동종업계에서 최초의 제품은 아니다. 애플이 아이팟을 소개하기 몇 년 전부터 이미 디지털 오디오 기기들이 시장에 나와 있었다. 하지만 애플 제품은 다른 회사 제품과 질적으로 달랐다. 더 세련되고 훨씬 우아했다. 게다가 두 제품은 완벽하게 상호작용을 이루었다. 애플은 아이팟과 아이튠즈로 하드웨어와 소프트웨어의 강력한 결합을 실현시켰다.

아이팟이 세상에 나왔을 때 이 제품은 순식간에 경쟁제품을 따돌리고 애플을 휴대용 미디어 기기 분야의 선두주자로 우뚝 서게 했다. 고객들은 아이팟의 아담한 디자인, 느낌 좋은 인터페이스, 그리고 풍부하고 선명한 음색을 마음에 들어했다. 게다가 아이팟은 사용하기도 정말 쉬웠다. 이는 스티브가 제품을 만들 때 항상 고객 수준에서 높은 기준을 요구했기 때문에 가능한 일이었다.

실제로 스티브는 "단추를 세 번만 눌러서 원하는 곡을 찾을 수 있어야 합니다." "음량이 충분하지 않은 것 같아요."

"메뉴가 금방 눈에 들어오지 않네요."라는 등 제품 개발 단계에서 시어머니처럼 깐깐하게 훈수를 두었다. 덕분에 제품 개발자들은 밤을 새워서 일을 해야 했지만, 소비자들은 이전에는 경험하지 못한 멋지고 편리한 MP3 플레이어를 손에 넣을 수 있었다. 이처럼 이미 있는 기술을 더 발전시켜 최고의 제품을 만드는 것이 애플의 경쟁력이었다.

○

목표가 설정되면 돌파하면 그만이지

아이팟은 2007년 초까지 전 세계에서 8,000만 개가 넘게 팔리는 기염을 토했다. 스티브는 아이팟과 아이튠즈를 판매함으로써 교묘하게 인터넷으로 음악 파일을 교환하는 행위를 막을 수 있는 안전장치도 마련했다. 하지만 그는 여기에 만족하지 않았다.

"만약 소비자들이 온라인으로 손쉽게 음악을 구매할 수 있다면 어떨까? 아이팟과 아이튠즈를 훨씬 더 많이 팔 수 있지 않을까?"

스티브는 음악 시장의 잠재적인 수요를 간파하고 있었다.

○ 애플사의 아이팟, 왼쪽부터 셔플, 나노, 클래식, 터치

애플의 디지털 전문 기술을 주요 레코드 회사의 방대한 음악 라이브러리*와 결합시키겠다는 꿈은 그렇게 시작되었다. 그는 곧 아이튠즈 고객들이 적은 비용으로 좋아하는 노래를 다운로드 받을 수 있는 온라인 음악 매장을 설립하겠다는 계획을 세웠다. 그 생각은 꽤 그럴 듯했다. 소비자들은 음악을 더 편리하게 즐길 수 있고, 애플과 음반 회사는 자기 이익을 챙길 수 있는 데다 계속 문제가 되고 있는 인터넷 해적질도 막

*컴퓨터 프로그램에서 자주 사용되는 부분 프로그램들을 모아 놓은 것으로 언제든지 자유롭게 이용할 수 있도록 구성되어 있다.

을 수 있는 일석삼조의 발상이었다. 망설일 이유가 없었다. 스티브는 특유의 카리스마로 음반업계 최고 간부들과 예술가들을 설득했다.

"애플의 아이팟은 생산되자마자 날개 돋친 듯 팔려나가고 있습니다. 이제 음반업계도 구시대적인 발상에서 벗어나 디지털 시대에 동참해야 할 때입니다. 수백만의 음악 팬들이 음반이 발매된 당일에 돈을 내고 그것을 다운로드 받을 수 있는 세상이 도래했습니다. 그것이 음악의 미래입니다."

인터넷 음악 다운로드 행위를 정면으로 비판했던 랩 가수 닥터 드레조차 스티브의 말에 깊은 인상을 받았다.

"세상에! 이제야 일이 제대로 돌아가는군요!"

음반업계와 음악가들을 설득한 끝에 드디어 아이튠즈 뮤직 스토어iTunes Music Store가 2003년 4월 28일에 사이트를 개장했다. 이 사이트는 방대한 양의 음악 파일을 구비해두고 한 곡당 겨우 99센트에 팔았다. 말 그대로 대박이었다. 개장하자마자 18시간 만에 방문자들은 27만 5,000곡의 노래를 구매했다. 연말에는 2,500만 곡이 팔렸다. 시사주간지 〈타임〉은 아이튠즈 뮤직 스토어를 '2003년 최고의 발명품'이라고 치켜세웠다. 잠재적인 소비자의 요구를 미리 알고 시대의 트렌드를 발 빠르게 따라간 덕분에 스티브는 음악 시장에서 누구도 상상하지 못한 거대한 성공을 거뒀다.

게다가 아이튠즈 뮤직 스토어의 엄청난 인기는 아이팟의 판매를 더욱 부추겼다. 아이팟은 MP3 플레이어 시장에서 가뿐하게 최고 위치에 올랐다. 오래지 않아 아이팟을 통해 벌어들이는 수익이 애플의 주 수입원인 아이맥 컴퓨터의 수입에 버금갈 정도가 되었다. 스티브가 예상했던 대로 음악 콘텐츠를 활용한 세 가지 아이템은 엄청난 상승효과를 일으키며 판매고를 더해갔다.

시대의 흐름을 먼저 읽고 그 장을 열어 놓았기에, 스티브는 독보적인 성공을 거둘 수 있었다.

○

나만의 경쟁력이 제품의 경쟁력이야

이제 스티브 잡스는 컴퓨터와 소프트웨어업계의 강자라고 불리기에는 부족한 사람이 되었다. 그는 이미 픽사의 창업자인 동시에 할리우드의 유명 인사였다. 게다가 이제 아이팟과 아이튠즈로 음악 시장의 선구자까지 되었다. 실리콘밸리의 왕

° 2009년 9월 9일 애플의 새로운 아이팟 제품을 소개하는 스티브 잡스. 2009년 1월부
터 병가에 들어갔던 스티브는 6개월 만에 애플 전시회에 등장했다. 종전과 마찬가지로
청바지에 검은 터틀넥을 입고 등장했지만 수척해진 모습은 감출 수 없었다.

자는 어느새 한 시대를 대표하는 거물이 되어 있었다. 이 모든 것이 시대를 바라보는 스티브 잡스의 안목에서 비롯된 것이다.

그러나 이게 전부는 아니다. 스티브는 음악 시장에서 단순히 잘 빠진 제품 하나를 만들어내는 데 그친 것이 아니다. 그가 만든 아이팟과 아이튠스, 그리고 뮤직 스토어는 아예 음악 시장의 판도를 바꿔버렸다. 게다가 뮤직 스토어는 MP3 불법 다운로드로 골머리를 앓던 거대 음반사들까지 끌어안는 긍정적인 효과를 가져왔다.

사실 아이팟은 단순한 제품 그 이상이었다. 그것은 하나의 문화 현상이라고 해도 과언이 아니었다. 수많은 음악가들과 가수들이 앞다퉈 아이팟을 구매했고 자발적으로 홍보대사 노릇을 했다.

"저는 MP3 플레이어가 세 개나 있지만 그동안 사용법을 제대로 알지 못했어요. 그런데 아이팟은 달라요. 이걸 손에 넣은 지 겨우 45초 만에 사용법을 알게 되었답니다."

전자음악가 모비는 이렇게 말했고, 스매시 마우스의 리드 싱어 스티브 하웰은 한 술 더 떴다. "전 두 개를 살 생각이에요. 하나는 제가 갖고 다른 하나는 여자 친구 주려구요. 제

MP3를 다른 사람하고 같이 쓰고 싶지 않거든요."

실제로 길을 걷다 아이팟을 들고 하얀 이어폰으로 음악을 듣는 사람들 사이에는 보이지 않는 유대감이 생길 정도였다. 이는 주류인 마이크로소프트를 거부하고 애플의 매킨토시를 사용하는 마니아들 사이에 느끼는 동지애와 비슷한 것이었다. 이러한 현상은 어떤 제품을 만들던지 거기에 영혼을 집어넣으려는 스티브 잡스의 안목이 있기에 가능한 일이었다. 그리고 그것이 다른 모든 경쟁사의 CEO와 차별화되는 스티브 잡스만의 경쟁력이었다.

아이팟은 음악 산업에 지대한 영향을 끼쳤을 뿐 아니라 애플 컴퓨터 역시 변화시켰다. 스티브는 그 날씬하게 잘빠진 음악 플레이어에 희망을 걸고 계속 회사의 회생을 진두지휘했다. 물론 실리콘밸리의 다른 거대 기업들도 잘 팔릴 만한 전자 제품 분야에 진입을 시도한 적이 없었던 것은 아니다. 하지만 대부분 성공하지 못했다. 애플도 1990년대 후반에 디지털 카메라 시장에 진출했다가 실패한 경험이 있었다. 그러나 스티브는 장기적으로 수익을 창출하기 위해서는 혼잡한 컴퓨터 시장 너머로 발을 넓혀야 한다는 사실을 잘 알고 있었다. 그리고 그의 판단은 정확했다.

내 스타일대로 만든 아이폰

이즈음에 스티브는 드디어 애플의 CEO직을 수락하고 애플의 영구적인 리더로 남으려는 자신의 의도를 공식 인정했다. 그러나 그의 연봉은 계속 1달러였다. 그는 회사의 의료보험혜택을 받기 위해 필요한 1달러 이외에는 필요 없다고 말했다. 그것은 사실상 스티브의 오랜 습관이었다. 스티브는 자기 회사에서는 큰돈을 받아가지 않았으며 주식 형태의 보수를 더 선호했다.

2007년 1월에 애플 컴퓨터는 공식적인 기업명을 애플주식회사로 바꿨다. 컴퓨터만 파는 회사가 아니라 기술과 엔터테인먼트를 아우르는 기업으로 성장하겠다는 의지가 담긴 결정이었다. 이후 애플은 10여 개가 넘는 각기 다른 아이팟 버전을 소개했고 아이튠즈 뮤직 스토어를 통해 음악 비디오, TV쇼, 오디오북, 영화 그리고 게임 등을 판매하고 있다.

최근에는 아이폰도 선보였다. 2007년 6월부터 판매되기 시작한 아이폰은 휴대전화 기능을 갖춘 아이팟이다. 대부분의 애플 제품처럼 아이폰은 심미성과 기능성의 결합을 중시

미래의 아이콘을 꿈꾸는 세계 청소년의 롤모델 **스티브 잡스 이야기**

° 2007년 1월 애플 전시회에서 아이폰을 손에 들고 설명하는 스티브 잡스.

하는 스티브의 성향을 그대로 드러내고 있다. 이 호리호리한 장치에는 키패드 버튼이 보이지 않고 모든 조작은 터치스크린으로 하게 되어 있다. 2007년 6월 아이폰이 처음 시장에 출시되었을 때 애플은 이틀 동안 27만 대를 팔아치웠다. 그리고 2007년 9월에는 백만 번째 아이폰이 팔려나갔다.

1976년 첫 애플 컴퓨터가 나온 이래 스티브는 늘 제품의 기능만큼이나 디자인에도 신경을 많이 썼다. 그는 기계가 예술작품 못지않게 아름다워야 한다고 믿었다. 애플의 제품을 단순한 전자 제품이 아니라 예술작품으로 보았으며 그것을 만든 사람들을 예술가라고 생각했다. 스티브의 이러한 품질에 대한 열정이 바로 애플의 성공을 이끈 초석이다.

최근엔 애플 TV도 소개했는데, 이것은 가정용 컴퓨터를 통해 인터넷으로부터 TV로 디지털 미디어를 방송하는 무선 장치다. 이동통신 서비스와 TV 콘텐츠 제공까지 시대의 변화에 따라 진화하는 애플의 의도가 잘 드러나는 대목이다.

1980년대에 스티브 잡스는 일을 빨리 하는 사람이 제일이라고 생각하는 스피드에 목숨 거는 젊은이였다. 하지만 2000년대에 그는 세상을 컨트롤할 수 있는 대단한 영향력을 지닌 '아이콘'과 같은 존재가 되었다. 그것은 시대의 흐름을 앞서

미래의 아이콘을 꿈꾸는 세계 청소년의 롤모델 **스티브 잡스 이야기**

보고 사람들의 움직이는 마음을 제대로 간파하는 능력이 있었기에 가능한 일이었다.

눈부신 성공과
함께 주어진
또 한 번의 고통

다시 애플로 돌아와서 애플의 실적을 살리고 픽사 또한 승승장구하던 2004년, 스티브 잡스는 20대의 벼락 성공 이후로 진정한 인생의 전성기를 맞고 있었다. 하지만 신은 하나를 주면 하나를 가져간다고 했던가. 스티브가 자랑하는 강인한 의지로도 어쩔 수 없는 개인적인 재앙이 닥쳤다. 몸이 안 좋아서 병원에 검사를 받으러 갔는데, 의사가 한 장기를 가리키며 말했다.

"이 혹이 보이시죠?

췌장에 뚜렷한 혹이 보였다. 스티브는 그때까지도 췌장이 어디에 붙어 있는지도 몰랐다. 그 혹이 무엇을 의미하는지는 더더욱 몰랐다.

"대단히 유감스럽습니다만, 췌장암입니다."

의사가 침울한 목소리로 말했다. 췌장암은 암 중에서도 매우 치료하기 어려운 병으로 발병되고 나서 1년 안에 사망할 확률이 아주 높은 암이다. 스티브는 아무 말도 하지 않았다. 너무 갑작스러운 일이라 실감이 나지 않았다.

"도저히 가능성이 없습니까?"

"죄송합니다. 길어야 3~6개월 정도일 것 같습니다. 집에 가서 가족들과 조용히 삶을 정리하시는 게 좋겠습니다."

스티브는 그날 하루 종일 자신에게 닥친 운명에 대해 생각했다. 물론 영원불멸한 삶을 사는 사람은 없다. 죽음은 언제나 예기치 않는 순간에 찾아온다. 하지만 아직 해야 할 일이 많은 그로서는 자신이 얼마 못 산다는 사실을 받아들이기가 어려웠다. 누구나 그럴 것이다. 그가 말 못할 상심에 젖어 있을 때, 아내 로렌이 상기된 얼굴로 다가왔다.

"여보! 살았어요. 담당 의사가 그러는데, 당신 종양이 좀 특이하대요. 수술이 가능할 것 같대요."

그날 오후에 의사들이 종양에서 암세포 샘플을 채취해서

음악의 혁명을 주도하다

재검사를 했는데, 아주 놀라운 사실을 발견했다는 것이다. 스티브에게 발병한 췌장암은 아주 보기 드문 경우였다. 대부분의 췌장암 종양은 수술이 불가능한데, 그의 종양은 수술로 치료할 수 있는 약 5퍼센트의 특이 종양에 속했다. 스티브는 지옥에서 천국에 올라온 것 같은 느낌이었다.

"하느님은 당신을 버리지 않았어요."

아내는 스티브를 따뜻하게 안아주었다.

결국 스티브는 수술을 성공적으로 마쳤고 병원 침대에서 애플 직원들에게 자신이 건강하게 잘 있다고 메일을 보냈다. 그리고 얼마 후 다시 애플로 복귀할 수 있었다. 물론 항간에는 아직도 스티브의 건강을 걱정하는 목소리가 높다. 그도 그럴 것이 췌장암은 조기 진단해서 종양을 완전히 제거한다고 해도 환자의 절반 이상이 5년 이내에 사망하는 것으로 알려져 있는 암이다. 스티브는 수술 이후로 예전만큼 건강해 보이지는 않지만 그래도 여전히 건재한 모습을 보여주고 있다.

죽음은 삶을 돌아보게 해

죽음에 가장 가까이 갔던 이때의 경험은 앞만 보고 달려왔던 그에게 삶을 되돌아보게 하는 계기가 되었다. 그 이후 스티브를 만난 사람들은 그의 내면세계가 훨씬 깊어졌다고 말했다.

스티브는 스탠퍼드 대학 졸업식 축사에서 이때의 경험을 이렇게 밝혔다.

"아무도 죽음을 원하지 않습니다. 천국에 가고 싶다는 사람들조차 그곳에 가기 위해 죽기는 싫을 겁니다. 하지만 죽음은 우리 모두가 도달하게 돼 있는 종착지입니다. 누구도 죽음에서 자유롭지 못하죠. 어쩌면 죽음은 삶이 고안해낸 가장 훌륭한 발명품일지도 모릅니다. 죽음은 삶을 변화시킵니다. 죽음은 새로운 것이 낡은 것을 대체할 수 있도록 해주지요. 지금 여러분들이 새로운 세대입니다. 그러나 언젠가는 여러분들도 낡은 세대가 되어서 새로운 세대에서 그 자리를 물려줘야 할 겁니다. 너무 극적으로 들렸다면 죄송합니다. 하지만 사실입니다."

그는 더 이상 20대의 혈기왕성한 사업가가 아니었고, 이제 인생과 죽음에 대해 이야기할 만큼 나이를 먹었다.

"여러분들의 삶(시간)은 기다려주지 않습니다. 그러니까 인생을 낭비하지 마세요. 도그마, 즉 다른 사람들의 생각에 얽매이지 마세요. 다른 사람들의 목소리가 여러분 내면의 진정한 목소리를 방해하지 못하게 해야 합니다. 가장 중요한 것은 여러분의 마음과 직감을 따르는 용기를 가지는 것입니다. 이미 마음과 직감은 여러분이 진짜로 무엇을 원하는지 알고 있습니다. 나머지 것들은 모두 부차적인 것입니다."

컴퓨터, 영화, 음악
세 가지 산업의
아이콘이 되다

스티브 잡스는 이제 컴퓨터, 영화, 음악 세 가지 분야에서 독보적인 세계 최정상의 자리에 우뚝 서 있다. 애플과 픽사에서 보여준 그의 빛나는 위업은 그를 미국 실업계의 전설적인 인물로 부각시켰다. 지금의 그는 25년 전에 처음으로 명성과 부를 거머쥐었을 때와는 확실히 다르다. 실패를 모르는 자신감과 패기로 똘똘 뭉쳐 있던 이십대의 젊은이는 이제 연륜과 노련함이 묻어나는 모습으로 자신의 지위를 확고히 장악하고 있다.

그는 이제 명실공이 애플의 얼굴이자 간판이 되었다. 직원

13만 명 이상을 거느리고 연수입 340억 달러를 초과하는 세계적인 기업 디즈니에서도 스티브는 영향력 있는 목소리를 내고 있다. 개인적인 부로 말하자면 순자산이 50억 달러에 육박하는 갑부다.

되돌아보면 스티브가 애플에서 초기에 거둔 성공은 그의 인생 전체를 놓고 볼 때 너무 일찍 찾아온 것인지도 모른다. 너무 일찍 성공했기 때문에 그는 실패를 몰랐고 오만함과 완벽주의 성향을 그대로 드러냈다. 자신이 절대 실수할 리가 없다고 자만했기 때문에 애플의 직원들에게도 비합리적인 요구를 서슴지 않았다. 동료들이 그의 독주에 제동을 걸었을 때도 그는 오히려 회사를 장악해서 그들을 몰아내려고 했다. 그러나 이 시도는 실패했고 그는 결국 자신이 세운 회사에서 쫓겨나는 수모를 겪어야 했다.

●

가장 힘들었을 때 가장 큰 교훈을 얻었어

새로 창업한 회사 넥스트에서도 그의 독재적인 행동은 쉽게 고쳐지지 않았다. 이런 독선적인 성격 때문에 넥스트는 수억 달러의 피해를 입고 거의 문을 닫을 지경까지 갔다. 픽사의 상황도 그에 못지않게 어두웠다.

1980년대 말과 1990년대 초까지 그는 인생에서 가장 힘든 시기를 보냈다. 야심만만하게 시작한 두 회사는 무너지고 있었다. 투자자들은 더 이상 그에게 돈을 맡기지 않았고, 회사에 투자할 수 있는 개인 자산도 바닥을 드러냈다. 실리콘밸리의 살아 있는 성공 신화였던 그는 그렇게 잊혀져가는 듯했다. 사람들은 그가 초기에 애플에서 거둔 성공이 단순히 운이 좋아서 이룬 것이라고 치부하게 되었다.

이 우울한 시기에 스티브는 귀중한 교훈을 배웠다. 그는 여러 번의 실패 끝에 완벽한 컴퓨터를 만들겠다는 개인적인 야망을 포기하고 자기 회사들이 가지고 있는 고유의 강점을 살리는 쪽으로 방향을 틀었다. 넥스트는 하드웨어 회사에서 소프트웨어 회사로 방향을 틀었고, 픽사는 그래픽 컴퓨터를 파는 회사에서 애니메이션을 만드는 회사로 전환했다. 그러자 놀라운 일이 벌어졌다.

스티브가 자신의 한계를 인정하고 나자 모든 것이 제대로 돌아갔다. 넥스트는 소프트웨어 기업으로 살아남았을 뿐 아니라 스티브가 애플로 복귀하는 데 결정적인 역할을 했다. 픽

음악의 혁명을 주도하다

사도 애니메이션을 제작함으로써 디즈니의 관심을 끌게 되었고 결국 스티브를 억만장자로 만들어주는 눈부신 성공을 가져다주었다.

이후 스티브는 사업을 하는 데 가장 중요한 덕목 중 하나를 확실하게 터득하게 되었다. 그것은 시대를 통찰하면서 거기에 유연성 있게 대처하는 것이었다. 아이팟을 개발할 때도 마찬가지였다. 그는 애플 제품에는 애플의 기술자들이 설계하고 개발한 부품만 이용한다는 오랜 전통을 깨버렸다. 아이팟에는 다른 기업에서 제조한 부품이 포함되었다. 이런 융통성 있는 판단은 애플의 MP3 플레이어를 소비자들에게 더 빨리 접하고 시장을 선점할 수 있게 하는 발판이 되었다.

스티브는 성공과 실패로 점철된 오랜 세월의 비즈니스 경험을 통해 리더가 가져야 할 덕목들을 차근차근 자기 것으로 만들어갔다. 애플에서 일했던 햇병아리 시절에는 일을 다른 어떤 것보다 우선시했다. 그는 컴퓨터를 통해 세상을 바꾸기를 원했고 그 목표를 추구하는 데 무자비할 정도로 자신의 에너지를 쏟았다. 크리스 앤과의 불화도 그럴 때 일어났고, 애플 직원들에게도 자신과 똑같이 사생활 없이 일하기를 강요했었다.

그러나 나이를 먹으면서 스티브의 가치관도 점차 변하기 시작했다. 이제 그는 가족을 가장 중요한 가치 중 하나로 인정하는 세 아이의 아버지다.

"젊은 시절에 저는 기술이 세상을 바꿀 수 있다고 믿었습니다. 하지만 인간은 태어나서 잠깐 살다가 죽습니다. 늘 그래왔죠. 기술은 이런 현실을 크게 바꿀 수 없습니다. 아이들 아빠가 되고 나서야 저는 그걸 깨달았습니다."

이제 스티브는 보다 포용력 있고 인간적인 면모를 갖추게 되었다. 그래서 젊은 시절에 저지른 실수들도 하나씩 바로잡고 있다. 젊고 무모한 시절에 자기 아이로 인정하지 않았던 첫딸 리사 브레넌 잡스와도 화해하여 지금은 누구보다 건강한 부녀 관계를 유지하고 있다.

○

오늘의 애플을 만든 건 대담성과 끈기야

무엇보다 스티브의 가장 훌륭한 자질은 목표를 추구할 때 대담성과 끈기를 가지고 임한다는 사실이다. 그는 자신이 처한 상황이 아무리 어렵더라도 절대 포기하지 않는다. 목표 달성을 위해서라면 대담한 모험도 기꺼이 무릅쓰고 뻔뻔스러울 정도로 집요하게 매달렸다. 그는 다른 사람들에게서 그런 '뻔뻔스러운' 자질을 발견하면 그것을 상당히 높게 평가하곤 했다.

물론 이런 대담함이 역효과를 일으킨 적도 없지 않다. 1985년의 애플 장악 시도가 실패한 것이 좋은 사례다. 그러나 대체로 그의 성격은 긍정적인 결과로 나타났다. 만약 스티브에게 이런 뻔뻔함이 없었다면 픽사를 디즈니에 매입하는 대담한 결정이나 부실한 넥스트를 애플이 매입하도록 설득하는 일은 시도하지 못했을지도 모른다. 그러나 그는 할 수 있는 일이 아니라 해야 하는 일을 하는 사람이었다. 그는 자신감과 결단력을 가지고 자신이 이루고자 하는 분야의 수많은 난제들을 노련한 솜씨로 해결했다.

이제 스티브 잡스는 50대다. 그는 더 이상 30년 전에 실리콘밸리를 기습했던 무모한 청년이 아니다. 시간과 경험은 그의 거칠고 모난 성격을 부드럽게 다듬어주었다. 비록 까다롭고 성급한 성격은 여전하지만, 이제 더 지혜롭고 통찰력 있는 안목으로 인생을 바라보고 있다. 스티브는 2004년에 겪었던 암과의 싸움이 자신을 변화시킨 특별한 경험이었다고 토로한다.

"저는 병을 앓으면서 제 삶을 사랑하고 있다는 사실을 깨달았습니다. 정말 사랑하죠. 제게는 세상에서 가장 소중한 가족이 있고 또 일이 있습니다. 제 삶은 이것을 중심으로 돌아갑니다. 저는 그다지 사교적이지도 않고 모임에도 잘 나가지 않습니다. 그저 가족을 사랑하고 애플과 픽사를 사랑할 뿐이죠. 그리고 제가 좋아하는 일을 할 수 있는 지금의 위치에 만족할 뿐입니다. 전 운이 아주 좋은 사람입니다."

말은 그렇게 하지만 스티브 잡스는 여전히 다음 행보를 준비하고 있다. 그는 타고난 경쟁 본능으로 항상 세상을 놀라게 할 다음 프로젝트에 주의를 기울인다. 자신의 처지에 만족한다고 선언한 지 겨우 1년 만에 수십억 달러 규모의 픽사-디즈니 간 합병을 이끌어낸 것만 봐도 그렇다. 물론 이것이 스티브 잡스 인생의 마지막 장이 되지는 않을 것이다.

2009년 〈포천〉지는 스티브 잡스를 미국 기업을 바꾼 '최근 10년간 최고 CEO'로 선정했다. 〈포천〉지는 스티브 잡스가 위기에 처한 애플을 되살리고 산업 전반에 큰 영향을 미쳤으며 극심한 경기 침체에도 탁월한 경영 성과를 올렸다고 평가했다.

한때는 약점투성이로 평가되었던 그의 진정한 실력을 세상이 다시 인정한 것이다. 그는 불굴의 의지와 자신감으로 눈부신 업적을 쌓아왔고, 신이 그에게 시간을 허락하는 한 시대의 아이콘으로 살아가길 멈추지 않을 것이다.

상상력은
신이 인간에게 준 최고의 선물,
상상력이 있는 곳에
성공도 있답니다

우리 시대에 스티브 잡스만큼 강력한 영향력을 가진 인물도 흔치 않을 것입니다. 그는 망해가는 애플을 사지에서 구해내고, 깜찍하고 감동적인 애니메이션으로 아이들과 어른들을 모두 사로잡았으며, 쓰러져가던 음악 산업에 새로운 활력을 불어넣어 디지털 시대의 새로운 문화로 거듭나게 했습니다.

그는 이제 개인적인 성공의 차원을 넘어서 문화를 만들고 시대의 거대한 흐름을 바꾸는 인물이 되었습니다. 그런 그의 원동력은 다름 아닌 '상상력'입니다. 그것도 아주 대담한 상상력을 가졌습니다. 그는 언제나 이렇게 말합니다.

"나는 우주에 영향을 끼치는 사람이 되고 싶어."

우주란 신의 세계이고 인간의 본성이 있는 곳입니다. 그래서 모든 상상력의 고향이지요. 그가 단순한 전자 기술자가 아니라 우리 시대의 가장 뛰어난 창조자일 수 있는 것은 바로 그 때문입니다. 그가 사람의 영혼이 담긴 전자 기기를 만들 수 있는 것도 그의 상상력이 우주와 맞닿아 있기 때문입니다.

"우리는 거대한 우주에 아주 조그만 변화를 주기 위해 존재합니다. 그렇지 않다면 우리의 존재 이유는 없습니다."

스물셋이라는 젊은 나이에 백만장자가 되었지만 그는 돈을 쫓아 일하거나 돈을 위해 살지 않았습니다. 그가 원하는 것은 훗날 지구를 떠나 우주라는 본래 그 자리로 돌아갈 때 "어때? 우리가 지구에 와서 놀라운 일을 해냈잖아!"라고 말할 수 있는 삶을 사는 것이었습니다.

대담한 상상력이 필요해

여러분이 앞으로 어떤 분야로 진출하든 간에 자신의 꿈을 이루거나 눈부신 성공을 얻기 위해선 남다른 창의성이 필요합니다. 창의성이야말로 여러분이 살아갈 21세기가 가지고 있는 시대문법의 주어이기 때문이지요. 그렇다면 여러분들은 스티브 잡스처럼 좀 더 대담한 상상력을 가질 필요가 있습니다.

사람들은 스티브에게 이런 질문을 하고 싶어 합니다.

"스티브, 당신의 위대한 아이디어는 대체 어디서 나오는 거죠?"

그러면 스티브는 아주 간단히 대답할 것입니다.

"우리 모두의 내면엔 상상력의 비밀번호가 있지요."

하지만 모두들 고개를 갸우뚱하며 웃어 버리겠지요.

스무 살 때 스티브는 기술이 세상을 바꿀 수 있다고 믿었습니다. 그러나 이제 그는 "컴퓨터와 기술이 세상을 바꾸지는 못한다"고 잘라 말합니다. 그럼 무엇이 세상을 바꿀 수 있을까요?

그에 대한 대답은 '대담한 상상력'입니다. 신이 모든 인간의 심장에 상상력이라는 선물을 넣어 두었지만 그것을 꺼내 대담하게 사용할 줄 아는 사람은 우리들 중 몇 되지 않습니다. 스티브는 그것을 가장 대담하게 사용한 사람 중 하나였지요.

사람들은 여전히 그에게 기대합니다. 다음번엔 어떤 아이디어로 세상을 놀라게 할지, 어떤 영역에 도전해 그것을 정복할 지 기다리고 있습니다.

인생은 누구에게나 예측할 수 없는 것입니다. 그러나 신이 골고루 나눠준 상상력을 제대로 꺼내 쓸 수 있다면, 인생은 우리에게 눈부신 성공이라는 놀라운 보상을 가져다줍니다. 스티브 잡스는 자신의 삶을 통해 그것을 증명해보였지요.

여러분도 평생 자신의 심장 속에 담겨 있는 신의 선물, 즉 상상력의 비밀번호를 분실하지 않길 바랍니다. 여러분이 앞으로 만들어 갈 세상의 큰 변화를 기대합니다.

스티브 잡스가 걸어온 길

1955   2월 24일 캘리포니아 주 샌프란시스코에서 출생. 폴 잡스 부부
        에게 입양됨.

1967   스티브의 전학을 위해 로스앨터스로 이사. 쿠퍼티노 중학교에
        다니기 시작함.

1968   전자공학도인 스티브 워즈니악을 만나 친구가 됨.

1976   4월 1일 스티브 부모님의 창고에서 워즈니악과 애플을 창업함.

1977   마이크 마쿨라가 애플사에 투자를 위해 나서고 드디어 그해 4
        월에 애플Ⅱ를 세상에 내보임.

1978   여자 친구 크리스 앤 사이에서 첫딸 리사가 탄생함. 그러나 당
        시 아빠가 될 마음의 준비가 되지 않았던 그는 쉽게 딸을 인정
        하지 못했음.

1980   애플의 기업 공개를 통해 애플 창립자이자 애플의 최대 주주인

스티브와 워즈, 마쿨라는 하루아침에 갑부가 되었음.

1982   리사 프로젝트에서 손을 떼고 기존 매킨토시 책임자였던 래스
       킨을 밀어낸 후 매킨토시 팀의 책임자가 됨.

1983   자신에게 유리할 거라는 판단하에 펩시의 사장 존 스컬리를 애
       플의 CEO로 영입함.

1984   애플의 새 컴퓨터 매킨토시는 시장에 나오자마자 폭발적인 반
       응을 보이는 듯 했으나 결국 판매는 실패함. 이로 인해 애플 컴
       퓨터 내에 스티브의 입지가 불안해짐.

1985   애플의 주도권을 쥐기 위해 스컬리를 밀어내려 했으나 상황이
       반전됨. 그해 9월에 애플에 사표를 제출하고 새로운 회사 넥트
       스를 창업함.

1986   스타워즈 감독인 루커스에게 1,000만 달러에 뛰어난 그래픽 팀
       을 넘겨받음.

1989   스탠퍼드 대학 경영대학원에서 만난 로렌스 포웰과
       사랑에 빠짐.

1991   3월 18일 로렌스 포웰과 결혼하고 그해 9월 첫아들 리드를 얻음. 첫딸 리사 때와 마찬가지로 이때도 피하고 싶어했지만 로렌스의 현명한 설득에 마음을 바로잡음.
월트 디즈니와 세계 최초의 컴퓨터 그래픽 애니메이션을 만들기로 손을 맞잡음.

1995   11월에 〈토이 스토리〉 개봉. 이로 인해 픽사의 재정적 어려움이 사라짐.

1996   애플이 넥스트의 소프트웨어에 관심을 가지자 과감한 협상력을 발휘해서 3억 7,750만 달러와 애플 주식 150만 주를 받기로 하고 애플과 넥스트의 합병을 이뤄냄.

1997   애플의 임시 CEO직을 맡아 경영을 시작함. 같은 해 마이크로소프트와의 제휴를 통해 회사 재정을 튼튼히 함.

1998   5월 애플의 새로운 도약을 시작하게 한 아이맥을 선보임. 아이맥은 출시 첫 주에만 25만 대가 넘게 팔리는 기록을 남김.

2001   MP3 플레이어 1세대 아이팟과 관련 프로그램인 아이튠즈를 세상에 선보임.

2003 4월 28일 아이튠즈 뮤직 스토어 사이트 개장. 개장 18시간 만
      에 27만 5,000곡의 노래를 파는 기록을 세움.

2004 췌장암 진단을 받았으나 성공적으로 수술을 마치고
      애플에 복귀.

2005 6월 12일 스탠퍼드 대학 졸업식에서 연설.
      손꼽히는 명연설로 평가됨.

2006 디즈니에게 74억 달러를 받고 픽사와 디즈니의 합병을 이뤄냄.

2007 컴퓨터뿐만 아니라 기술과 엔터테인먼트를 아우르는 기업이
      되겠다는 포부를 담아 회사 이름을 애플주식회사로 바꿈.
      심미성과 기능성을 결합시킨 휴대전화 아이폰을 출시해 전세
      계적으로 '아이폰 마니아'들을 만들어냄.

부록

스티브 잡스
스탠퍼드 대학
졸업식 연설문

영한 대역 2005

가치 있는 일을 하는 유일한 방법은
스스로 하는 일을 사랑하는 겁니다.

"인생의 세 가지 전환점"

- 2005년 6월 12일. 스탠퍼드 대학

Thank you. I am honored to be with you today at your commencement from one of the finest universities in the world. Truth be told, I never graduated from college and this is the closest I've ever gotten to a college graduation. Today I want to tell you three stories from my life. That's it. No big deal. Just three stories.

고맙습니다. 오늘 세계 최고의 대학으로 꼽히는 이곳에서 여러분의 졸업식에 참석하게 된 것을 영광으로 생각합니다. 사실 저는 대학을 나오지 않았습니다. 대학 졸업식을 이렇게 가까이 보는 것도 처음이네요.

오늘 여러분께 제가 살아오면서 겪었던 세 가지 이야기를 들려드릴까 합니다. 대단한 것은 아니에요. 딱 세 가지만 이야기하죠.

The first story is about connecting the dots. I dropped out of Reed College after the first 6 months, but then stayed around as a drop-in for another 18 months or so before I really quit. So why did I drop out?

첫 번째 이야기는 인생의 전환점에 관한 것입니다. 저는 리드 대학에 입학한 지 6개월 만에 자퇴했습니다. 그래도 18개월 정도는 강의를 청강하며 학교 주변을 머무르다 정말로 그만뒀지요. 왜 그랬을까요?

It started before I was born. My biological mother was a young, unwed graduate student, and she decided to put me up for adoption. She felt very strongly that I should be adopted by college graduates, so everything was all set for me to be adopted at birth by a lawyer and his wife. Except that when I popped out they decided at the last minute that they really wanted a girl.

그 대답을 하려면 제가 태어나기 전으로 거슬러 올라가야 합니다. 제 친어머니는 대학원에 다니던 젊은 미혼모였고 저를 입양시키기로 결심했습니다. 친어머니는 제가 반드시 대학을 나온 양부모에게 입양되길 바랐어요. 그래서 태어나자마자 어느 변호사 가정에 입양되기로 되어 있었습니다. 그런데 그 변호사 부부가 마지막 순간에 딸을 원한다고 마음을 바꾸었지요.

So my parents, who were on a waiting list, got a call in the middle of the night asking: "We got an unexpected baby boy; do you want him?" They said: "Of course." My biological mother found out later that my mother had never graduated from college and that my father had never graduated from high school. She refused to sign the final adoption papers. She only relented a few months later when my parents promised that I would go to college. This was the start in my life.

그래서 대기자 명단에 있던 지금 제 양부모님이 한밤중에 전화를 받게 되었답니다. "예정에 없던 아들이 태어났어요. 그래도 입양하시겠어요?"라고 말이죠. 양부모님은 "물론이죠."라고 대답했습니다. 그런데 나의 양어머니는 대학을 나오지 않았고 양아버지는 고등학교도 나오지 않았다는 걸 친어머니가 알게 된 겁니다. 친어머니는 입양서류에 사인하는 걸 거부했어요. 몇 달 후 제 양부모님이 저를 꼭 대학에 보내겠다는 약속을 한 후에야 마음이 누그러졌죠. 이것이 제 인생의 시작이었습니다.

And 17 years later I did go to college. But I naively chose a college that was almost as expensive as Stanford, and all of my working-class parents' savings were being spent on my college tuition.

After six months, I couldn't see the value in it. I had no idea what I wanted to do with my life and no idea how college was going to help me figure it out. And here I was spending all of the money my parents had saved their entire life. So I decided to drop out and trust that it would all work out OK.

그리고 17년 후 저는 대학에 입학했습니다. 그런데 저는 순진하게도 바로 이곳, 스탠퍼드만큼 학비가 비싼 대학을 골랐지요. 평범한 노동자였던 양부모님이 모은 재산은 제 학비로 다 들어갔습니다.

결국 6개월 후, 저는 대학교가 그만한 가치가 없다는 생각을 하게 됐지요. 내가 진정으로 인생에서 원하는 게 무엇인지 대학교육이 내 인생에 얼마나 도움이 될지 판단할 수 없었습니다. 그런 곳에 부모님이 평생 모은 재산이 전부 제 학비로 들어가고 있었지요. 그래서 모든 것이 다 잘 될 거라 믿고 자퇴를 결심했습니다.

It was pretty scary at the time, but looking back it was one of the best decisions I ever made. The minute I dropped out I could stop taking the required classes that didn't interest me, and begin dropping in on the ones that looked far more interesting.

지금 뒤돌아보면 참 두렵고 힘든 순간이었지만, 그건 제 인생 최고의 결정 중 하나였던 것 같습니다. 학교를 그만두고 나니 평소에 흥미 없던 필수 과목 대신 재미있어 보이는 강의를 들을 수 있었지요.

It wasn't all romantic. I didn't have a dorm room, so I slept on the floor in friends' rooms, I returned coke bottles for the 5¢ deposits to buy food with, and I would walk the 7 miles across town every Sunday night to get one good meal a week at the Hare Krishna temple. I loved it. And much of what I stumbled into by following my curiosity and intuition turned out to be priceless later on.

그런 생활이 낭만적인 것만은 아니었습니다. 기숙사에서 잘 수 없었기 때문에 친구네 집 마룻바닥에서 자기도 했고, 한 병당 5센트씩 하는 콜라병을 팔아서 먹을 것을 사기도 했습니다. 또 매주 일요일이면 맛있는 음식을 먹기 위해 7마일이나 걸어서 하레 크리슈나 사원(힌두교 성당)에 가서 예배에 드렸습니다. 그건 정말 좋았습니다. 당시 호기심과 직관을 믿고 저지른 일들은 나중에 정말 큰 도움이 되었습니다.

Let me give you one example: Reed College at that time offered perhaps the best calligraphy instruction in the country. Throughout the campus every poster, every label on every drawer, was beautifully hand calligraphed. Because I had dropped out and didn't have to take the normal classes, I decided to take a calligraphy class to learn how to do this. I learned about serif and san serif typefaces, about varying the amount of space between different letter combinations, about what makes great typography great. It was beautiful, historical, artistically subtle in a way that science can't capture, and I found it fascinating.

한 가지 예를 들어보죠. 당시 리드 대학은 미국에서 가장 뛰어난 서체 교육을 하고 있었던 것 같습니다. 학교 곳곳에 붙어 있는 포스터, 서랍에 붙은 상표들은 너무 아름다운 서체들로 장식되어 있었지요.

전 자퇴를 해서 정규 과목을 들을 필요가 없었기 때문에 서체에 대해 배워보기로 했습니다. 그때 세리프와 산세리프체를 배웠는데, 서로 다른 문자끼리 결합될 때 다양한 형태의 자간으로 만들어지는 굉장히 멋진 글씨체였습니다. 그건 과학적인 방식으로는 따라 하기 힘든 아름답고 유서 깊고 예술적인 것이었고, 전 그것에 푹 빠지고 말았죠.

None of this had even a hope of any practical application in my life. But ten years later, when we were designing the first Macintosh computer, it all came back to me. And we designed it all into the Mac. It was the first computer with beautiful typography. If I had never dropped in on that single course in college, the Mac would have never had multiple typefaces or proportionally spaced fonts. And since Windows just copied the Mac, its likely that no personal computer would have them.

사실 이것이 제 인생에 실제로 어떤 도움이 될지는 상상도 못했습니다. 그러나 10년 후, 우리가 매킨토시 컴퓨터를 처음 구상할 때 그때 경험들이 떠올랐죠.

우리는 맥 안에 이 모든 것을 디자인해 넣었습니다. 맥은 아름다운 타이포그래피를 지원하는 첫 번째 컴퓨터가 되었죠. 만약 제가 그 서체 수업을 듣지 않았었다면, 맥은 여러 가지 다양한 폰트를 지원하지 못했을 겁니다. 맥을 따라한 윈도우도 그런 기능이 없었을 테고, 어쩌면 개인용 컴퓨터가 그런 서체를 가지지 못했을 수도 있습니다.

If I had never dropped out, I would have never dropped in on this calligraphy class, and personal computers might not have the wonderful typography that they do. Of course it was impossible to connect the dots looking forward when I was in college. But it was very, very clear looking backwards ten years later.

만약 제가 학교를 자퇴하지 않았다면, 서체 수업을 듣지 못했을 거고 오늘날 개인용 컴퓨터가 아름다운 서체를 지원하지 못했을 지도 모롭니다. 물론 제가 대학에 있을 때는 그 순간들이 제 인생의 전환점이라는 것을 알 수 없었습니다. 그러나 10년이 지난 지금은 모든 것이 분명히 보이더군요.

Again, you can't connect the dots looking forward; you can only connect them looking backwards. So you have to trust that the dots will somehow connect in your future. You have to trust in something - your gut, destiny, life, karma, whatever. Because believe in the dot connect down the road will give you the confidence to follow your heart even when it leads you off the well-worn path and that would make all the difference.

달리 말하자면 지금 여러분은 미래를 알 수 없을 겁니다. 다만 현재와 과거의 사건들은 연관시켜 볼 수 있겠지요.

그러므로 여러분이 현재의 순간들은 미래에 어떤 식으로든 연결된다는 걸 알았으면 좋겠습니다. 자신의 배짱, 운명, 인생, 카르마(업) 등 무엇이던 간에 말이죠. 이런 삶의 방식은 저를 실망시킨 적이 없습니다. 그리고 제 인생에서 남과 다른 것을 만들어냈지요.

My second story is about love and loss.

I was lucky. I found what I loved to do early in life. Woz and I started Apple in my parents garage when I was 20. We worked hard, and in 10 years Apple had grown from just the two of us in a garage into a $2 billion company with over 4000 employees. We had just released our finest creation - the Macintosh - a year earlier, and I had just turned 30. And then I got fired. How can you get fired from a company you started?

두 번째 이야기는 사랑과 상실에 대한 것입니다.

저는 운 좋게도 정말 하고 싶은 일을 일찍 발견했습니다. 스무 살 때 제 부모님의 차고에서 워즈와 함께 애플을 시작했죠. 우리는 열심히 일했고, 그 덕에 차고에서 2명으로 시작한 사업은 10년 후 4,000명의 직원이 있는 200억 달러짜리 기업이 되었습니다. 제가 스물아홉 살 때 는 최고의 작품인 매킨토시를 출시했습니다. 그리고 그 다음해 저는 해 고당했습니다. 어떻게 자기가 세운 회사에서 해고당할 수 있냐고요?

Well, as Apple grew we hired someone who I thought was very talented to run the company with me, and for the first year or so things went well. But then our visions of the future began to diverge and eventually we had a falling out. When we did, our Board of Directors sided with him. So at 30 I was out. And very publicly out. What had been the focus of my entire adult life was gone, and it was devastating.

당시 애플은 점점 성장해 나갔고 저는 저와 함께 회사를 경영할 유 능한 경영자를 데려왔습니다. 그리고 1년 정도는 그런대로 괜찮았습니 다. 그런데 그 후부터 그와 나는 서로 다른 애플의 비전을 갖기 시작했 고, 결국 우리 사이도 어긋나기 시작했습니다. 그럴 때 이사회는 그의 편을 들었습니다. 저는 서른 살에 회사에서 쫓겨나게 되었죠. 아주 공 공연하게 말입니다. 저는 인생의 방향을 잃어버렸고 아주 참담한 심정 을 느껴야 했습니다.

I really didn't know what to do for a few months. I felt that I had let the previous generation of entrepreneurs down - that I had dropped the baton as it was being passed to me. I met with David Packard and Bob Noyce and tried to apologize for screwing up so badly. I was a very public failure, and I even thought about running away from the valley. But something slowly began to dawn on me. I still loved what I did. The turn of events at Apple had not changed that one bit. I had been rejected, but I was still in love. And so I decided to start over.

몇 개월 동안 정말 아무것도 할 수 없었습니다. 마치 선배 벤처 기업인들에게 받았던 바통을 놓쳐버린 것 같았습니다. 데이비드 패커드와 밥 노이스를 만나 저의 실패를 사과하려고 하기도 했지요. 제 실패는 너무나 공개적인 것이었고 실리콘밸리에서 달아나고 싶기도 했습니다. 그러나 천천히 뭔가 보이기 시작했습니다. 저는 제가 했던 일을 여전히 사랑하고 있었거든요. 애플에서 겪었던 일들도 제 그런 마음을 변화시키진 못했습니다. 비록 해고당했지만 제 일을 아직 사랑하고 있었죠. 저는 다시 시작하기로 했습니다.

I didn't see it then, but it turned out that getting fired from Apple was the best thing that could have ever happened to me. The heaviness of being successful was replaced by the lightness of being a beginner again, less sure about everything. It freed me to enter one of the most creative periods of my life.

그때는 몰랐지만 애플에서 해고당한 것은 제 인생 최고의 사건이었습니다. 애플에서 나오면서 성공에 대한 중압감을 다시 시작할 수 있다는 가벼움으로 대체할 수 있었죠. 그 시기는 내 인생에서 가장 창조적인 시기였습니다.

During the next five years, I started a company named NeXT, another company named Pixar, and fell in love with an amazing woman who would become my wife. Pixar went on to create the worlds first computer animated feature film, Toy Story, and is now the most successful animation studio in the world. In a remarkable turn of events, Apple bought NeXT, I returned to Apple, and the technology we developed at NeXT is at the heart of Apple's current renaissance. And Laurene and I have a wonderful family together.

그로부터 5년 동안 저는 넥스트와 픽사를 창립했고 지금 제 아내가 되어준 여성을 만나 사랑에 빠졌습니다. 픽사는 세계 최초의 컴퓨터 애니메이션 영화인 토이 스토리를 만들어냈고 세계에서 가장 유명한 애니메이션 제작사가 되었습니다. 그리고 주목할 만한 사건이었던 애플의 넥스트 인수로 저는 애플로 다시 돌아갔습니다. 넥스트에서 우리가 개발했던 기술은 애플의 중추적인 역할을 하고 있습니다. 그리고 로렌과 저는 멋진 가족을 이루었죠.

I'm pretty sure none of this would have happened if I hadn't been fired from Apple. It was awful tasting medicine, but I guess the patient needed it. Sometimes life hits you in the head with a brick. Don' t lose faith. I' m convinced that the only thing that kept me going was that I loved what I did. You' ve got to find what you love. And that is as true for your work as it is for your lovers.

만약 제가 애플에서 해고당하지 않았다면 이 모든 일은 일어나지 않았을 겁니다. 몸에 좋은 약은 입에 쓰다고 하지요. 아마 제가 약이 필요했던 시기였나 봅니다. 때로 인생이 당신을 벽돌로 내리치는 것 같은 시기가 있습니다. 그래도 여러분의 신념을 잃지 마세요. 제가 포기하지 않고 계속 나아갈 수 있었던 유일한 힘은 제가 하는 일을 사랑했기 때문입니다. 여러분이 사랑하는 일은 스스로 찾아야 합니다. 사랑 앞에 진실하듯 일도 마찬가지입니다.

Your work is going to fill a large part of your life, and the only way to be truly satisfied is to do what you believe is great work. And the only way to do great work is to love what you do. If you haven' t found it yet, keep looking, and don' t settle. As with all matters of the heart, you' ll know when you find it. And, like any great relationship, it just gets better and better as the years roll on. So keep looking. Don' t settle.

일은 여러분 인생의 대부분을 차지합니다. 그리고 그 속에서 진정한 만족을 누리려면 당신이 가치 있다고 믿는 일을 해야 하죠. 그리고 가치 있는 일을 하는 유일한 방법은 스스로 하는 일을 사랑하는 겁니다. 만약 그런 일은 못 찾았다면 안주하지 말고 계속 찾아보세요. 그것을 찾아낸다면 스스로 느끼게 될 것입니다. 그리고 일단 찾게 되면 다른 좋은 관계들이 그렇듯 여러분과 그 좋은 일과의 관계는 더욱 깊어질 거예요. 그러니 안주하지 말고 계속 찾아다니세요.

My third story is about death.

When I was 17, I read a quote that went something like: "If you live each day as if it was your last, someday you'll most certainly be right." It made an impression on me, and since then, for the past 33 years, I have looked in the mirror every morning and asked myself: 'If today were the last day of my life, would I want to do what I am about to do today?' And whenever the answer has been 'No' for too many days in a row, I know I need to change something.

세 번째 이야기는 죽음에 관한 겁니다.

열일곱 살 때 이런 글을 읽었습니다. "만약 하루하루를 인생의 마지막 날처럼 살아간다면 언젠가는 틀림없이 성공할 것이다" 이 글에 감명을 받은 저는 33년 동안 매일 아침 거울을 보며 제게 말하곤 했습니다. '오늘이 내 인생의 마지막 날이라면 오늘 내가 하려고 했던 일을 할 것인가'라고 말이죠. 그리고 '아니오'라는 대답이 여러 날 계속되면 변화가 필요한 때라는 걸 깨달았습니다.

Remembering that I'll be dead soon is the most important tool I've ever encountered to help me make the big choices in life. Because almost everything - all external expectations, all pride, all fear of embarrassment or failure - these things just fall away in the face of death, leaving only what is truly important. Remembering that you are going to die is the best way I know to avoid the trap of thinking you have something to lose. You are already naked. There is no reason not to follow your heart.

인생의 중요한 순간마다 곧 죽을 지도 모른다는 사실을 상기하는 것은 제게 커다란 도움이 되었습니다. 왜냐하면 거의 모든 것, 남들의 기대나 자존심, 실패에 대한 두려움 등은 죽음이라는 것 앞에선 떨어져 나가고 오직 진실로 중요한 것만 남기 때문입니다. 죽음을 기억한다는 것은 무엇을 잃을지도 모른다는 두려움에서 벗어나는 최고의 방법입니다. 여러분이 벌거숭이처럼 모든 것을 잃어버린 상태라면 본능에 충실할 수밖에 없습니다.

About a year ago I was diagnosed with cancer. I had a scan at 7:30 in the morning, and it clearly showed a tumor on my pancreas. I didn't even know what a pancreas was. The doctors told me this was almost certainly a type of cancer that is incurable, and that I should expect to live no longer than three to six months. My doctor advised me to go home and get my affairs in order, which is doctor's code for prepare to die. It means to try to tell your kids everything you thought you'd have the next 10 years to tell them in just a few months. It means to make sure everything is buttoned up so that it will be as easy as possible for your family. It means to say your goodbyes.

1년 전쯤에 저는 암 진단을 받았습니다. 아침 7시 반에 검사를 받았는데 췌장에 악성 종양이 있었지요. 그전까지는 췌장이란 게 뭔지도 잘 몰랐습니다. 의사들은 고칠 수 없는 종류의 암이라고 말하며 제게 남은 시간이 3개월에서 6개월이라고 말했습니다. 주치의는 집으로 돌아가 신변정리를 하라고 했습니다. 죽음을 준비하라는 뜻이었죠. 그건 아이들에게 앞으로 10년 동안 해줄 수 있는 것을 몇 달 안에 모두 해줘야 한다는 뜻이었습니다. 모든 것을 확실하게 정리해서 가족들이 좀 더 쉽게 제 임종을 맞이할 수 있게 하라는 것이었죠. 작별 인사를 하란 말이었습니다.

I lived with that diagnosis all day. Later that evening I had a biopsy, where they stuck an endoscope down my throat, through my stomach and into my intestines, put a needle into my pancreas and got a few cells from the tumor. I was sedated, but my wife, who was there, told me that when they viewed the cells under a microscope the doctors started crying because it turned out to be a very rare form of pancreatic cancer that is curable with surgery. I had the surgery and thankfully I'm fine now.

저는 하루 종일 진단을 받았습니다. 그날 저녁 이후엔 내시경을 위장을 지나 장까지 넣어서 종양에서 암세포를 채취해 조직검사를 받았어요. 그때 저는 마취 상태였는데 나중에 아내가 말해주길, 현미경으로 세포를 분석한 결과 치료가 가능한 아주 희귀한 췌장암이었고 의사들도 기뻐서 눈물을 글썽였다고 합니다. 저는 수술을 받았고 지금은 괜찮습니다.

This was the closest I've been to facing death, and I hope its the closest I get for a few more decades. Having lived through it, I can now say this to you with a bit more certainty than when death was a useful but purely intellectual concept:

그때만큼 제가 죽음에 가까이 가본 적은 없는 것 같습니다. 하지만 앞으로 수십 년 간은 그런 경험을 하고 싶지 않군요. 저는 이런 경험을 해 보았기에 지금 여러분들에게 죽음이 때로는 유용하다는 것을 더 정확하게 말할 수 있습니다.

No one wants to die. Even people who want to go to heaven don't want to die to get there. And yet death is the destination we all share. No one has ever escaped it. And that is as it should be, because Death is very likely the single best invention of Life. It is Life's change agent. It clears out the old to make way for the new. Right now the new is you, but someday not too long from now, you will gradually become the old and be cleared away. Sorry to be so dramatic, but it is quite true.

아무도 죽음을 원하지 않습니다. 천국에 가고 싶다는 사람들조차 그곳에 가기 위해 죽기는 싫을 겁니다. 하지만 죽음은 우리 모두가 도달하게 돼 있는 종착지입니다. 누구도 죽음에서 자유롭지 못하죠. 어쩌면 죽음은 삶이 고안해낸 가장 훌륭한 발명품일지 모릅니다. 죽음은 삶을 변화시킵니다. 죽음은 새로운 것이 낡은 것을 대체할 수 있도록 해주지요. 지금 여러분들이 새로운 세대입니다. 그러나 언젠가는 여러분들도 낡은 세대가 되어서 새로운 세대에서 그 자리를 물려줘야 할 겁니다. 너무 극적으로 들렸다면 죄송합니다. 하지만 사실입니다.

Your time is limited, so don't waste it living someone else's life. Don't be trapped by dogma - which is living with the results of other people's thinking. Don't let the noise of other's opinions drown out your own inner voice. And most important, have the courage to follow your heart and intuition. They somehow already know what you truly want to become. Everything else is secondary.

여러분들의 삶(시간)은 기다려주지 않습니다. 그러니까 인생을 낭비하지 마세요. 도그마, 즉 다른 사람들의 생각에 얽매이지 마세요. 다른 사람들의 목소리가 여러분 내면의 진정한 목소리를 방해하지 못하게 해야 합니다. 가장 중요한 것은 여러분의 마음과 직감을 따르는 용기를 가지는 것입니다. 이미 마음과 직감은 여러분이 진짜로 무엇을 원하는지 알고 있습니다. 나머지 것들은 모두 부차적인 것입니다.

When I was young, there was an amazing publication called The Whole Earth Catalog, which was one of the bibles of my generation. It was created by a fellow named Stewart Brand not far from here in Menlo Park, and he brought it to life with his poetic touch. This was in the late 1960's, before personal computers and desktop publishing, so it was all made with typewriters, scissors, and polaroid cameras. It was sort of like Google in paperback form, 35 years before Google came along: It was idealistic, and overflowing with neat tools and great notions.

제가 어릴 때, 제 나이 또래라면 다 알 만한 '지구백과'라는 굉장한

책이 있었습니다. 여기서 그리 멀지 않은 멘로 파크에 사는 스튜어트 브랜드이란 사람이 쓴 책인데, 자신의 시적 영감을 불어 넣은 책이었죠. PC나 전자출판이 생기기 전인 1960년대 후반이었기 때문에, 타자기, 가위, 폴라로이드 사진 같은 걸로 만들어졌습니다. 35년 전의 종이로 된 구글 같은 것이었죠. 그 책은 좋은 도구와 정보, 개념들이 가득 실려 있었습니다.

Stewart and his team put out several issues of The Whole Earth Catalog, and then when it had run its course, they put out a final issue. It was the mid-1970s, and I was your age. On the back cover of their final issue was a photograph of an early morning country road, the kind you might find yourself hitchhiking on if you were so adventurous. Beneath it were the words: "Stay Hungry. Stay Foolish." It was their farewell message as they signed off. Stay Hungry. Stay Foolish. And I have always wished that for myself. And now, as you graduate to begin a new, I wish that for you.

스튜어트와 그 친구들은 몇 번의 개정판을 내놓았고 그 책의 수명이 다할 때쯤엔 최종판을 내놓았습니다. 그때가 1970년대 중반, 제가 여러분 나이었을 때죠. 그 최종판의 뒤표지에는 이름 아침 시골길 사진이 있었는데, 모험을 좋아하는 사람이라면 히치하이킹을 하고 싶은 생각이 들 만한 시골길이었어요. 그 밑에 이런 글이 적혀 있었어요. "늘 배고프라, 늘 어리석어라." 그것이 그들의 마지막 메시지였지요. 늘 배고프라, 늘 어리석어라. 제 자신에게 늘 그렇게 말하곤 했습니다. 그리고 저는 이제 새로운 시작을 앞둔 여러분들에게도 이 말을 해주고 싶습니다.

Stay Hungry. Stay Foolish.
늘 배고프라, 늘 어리석어라.

Thank you all very much.
감사합니다.

옮긴이 권오열

한국외국어대학교 영어과와 연세대학교 대학원 영어영문학과를 졸업했다. 현재 번역가 에이전시 하니브릿지에서 전문번역가로 활동하고 있으며, 정상영어학원에서 고등학생들에게 영어를 가르치고 있다. 주요 역서로는《투자가를 꿈꾸는 세계 청소년의 롤모델 워런 버핏 이야기》《1등 팀장의 업무기술》《감성 리더십》《사랑받는 기업의 조건》《살아있는 리더십》외 다수가 있다.

사진제공

뉴시스 : 204쪽, 210쪽
연합포토 : 128쪽, 257 , 261쪽
게티 이미지 : 114쪽, 116쪽, 144쪽, 159쪽, 239쪽

미래의 아이콘을 꿈꾸는 세계 청소년의 롤모델 스티브 잡스 이야기

1판 1쇄 발행 2009년 12월 20일
   5쇄 발행 2010년 1월 30일

지은이 짐 코리건
옮긴이 권오열
펴낸이 안소연

스태프
CEO 한상만
편집기획실 황선영 양승순 강민주 김혜영 유소라 | 디자인실 양설희 윤정아 윤석진 서정회
경영지원팀 고영매 박주실 | 마케팅본부 송현정 박상신 이유빈 이시내

외부 스태프
기획지원 전채연

협력업체
출력 이펙피앤피 | 종이 대한실업(주) | 인쇄 · 제본 정민문화사

펴낸곳 명진출판(주)
출판등록 1980년 2월 27일 제3-31호 | 주소 121-866 서울시 마포구 연남동 369-17 영진빌딩 6층
전화 (02)326-0026(代) | 팩스 (02)326-0994 | 이메일 myunggin@chol.com

ISBN 978-89-7677-617-4 03840
책값은 뒤표지에 있습니다. 파본은 바꾸어 드립니다.
명진출판(주)는 독자 여러분의 의견을 소중하게 생각합니다.